깨끼 박사의
마음의 힘을 기르는 경청 이야기

너의
이야기를
들어줄게!

깨끼 박사의
마음의 힘을 기르는 경청 이야기

너의 이야기를 들어줄게!

깨끼 박사 지음

마리북스

얘들아, 요즘 어때?

얘들아, 안녕! 요즘 어때? 괜찮니?

샘은 너희의 이야기를 들어주는 깨끼 박사야. '깨끼'가 무슨 뜻인지 궁금하지? '깨끼'는 샘이 어렸을 때 살았던 동네에서 '새끼손가락'을 부르던 말이야.

샘이 중학교 2학년 때 담임 선생님이 "너는 꿈이 뭐니?" 하고 물었어. "저는 페스탈로치 같은 사람이 되고 싶어요"라고 말했어. 그랬더니 샘이 새끼손가락 걸고 약속하자며 "너는 이제 심지가 굳은 깨끼 소년이야"라고 해서 그때부터 깨끼 소년이 되었어. 심지라는 말을 몰라 아빠한테 물어봤더니 "심지心志는 어떤 상황에서도 나의 꿈과 목표를 향해 꿋꿋하게 나아가는 마음의 힘"이라고 하셨어.

✱✱

샘은 원래 학교에서 특강을 하면서 너희를 주로 만나. 그런데 이렇게 책으로 만나니 더욱 설레고 기대되네. 그리고 이건 비밀인데, 사실 샘은 마법사야. 주로 사람들의 마음을 녹이고 훔치지. 그래서 학교에서도 아주 신기하고 재미있는 과학 실험과 마술 공연을 하는 '과학 마술 콘서트'로 너희를 만나. 그뿐만 아니야. 너희에게 비전과 진로, 리더십, 인문학, 자살 예방, 생명 존중 같은 다양한 이야기도 들려주지.

그런데 요즘 샘은 너희의 이야기를 들어주는 것에 가장 관심이 많아. 자신의 이야기를 누구에게도 말할 수 없는 친구들이 생각보다 많기 때문이야. 답답할 때는 다른 사람에게 속 시원히 털어놓기만 해도 답답한 마음이 어느 정도 풀리잖아. 누군가가 너의 이야기를 들어주고, 내 이야기를 다른 사람에게 들려주는 것은 아주 중요해. 왜냐하면 내가 무엇 때문에 힘든지 모르는 사람들이 의외로 많거든. 내가 원하는 것이 무엇인지 정확히 아는 사람도 많지 않지.

다른 사람에게 이야기를 하고 나면 자기 마음을 스스로 정리할 수 있어. 무거운 돌덩이가 내리누르는 것 같던 마음속 답답함도 사라지지. 마음의 답답함이 사라지면 그다음에 내가 무엇을 해야 할지도 명확해져. 그러면서 새로운 삶의 방향을 찾아가는 힘이 생기지. 내 이야기를 온전히 들어주는 한 사람에게서 인정받고, 지지받고, 격려받는 좋은 경험도 하게 되고.

* *

한 청년의 이야기를 들려줄게. 샘은 언제부턴가 다른 사람들의 이야기를 들어주기로 했어. 그 이야기는 차차 할게. 그날은 샘이 다른 사람들의 이야기를 들어주기로 한 첫날이었어. 홍대입구역 경의선숲길에서 '이야기를 들어 드립니다'라는 피켓을 들고 서 있는데 한 청년이 다가왔어. 샘이 SNS에 올린 '너의 이야기를 들어줄게!' 게시물을 보고 멀리 파주에서 온 청년이었어.

"제 이야기도 들어줄 수 있나요?"

목소리가 들려오는 곳으로 몸을 돌려 보니 몸이 불편한 사람이었어. 얼굴과 손에 경련이 있어서 자유롭게 말하지 못했어.

샘은 어떤 이야기든 들어준다고 했지. 청년은 일곱 살 때 태권도학원 차에서 내리다가 반대편에서 오는 차에 치여 장애인이 되었대. 그 뒤로 친구들한테 놀림을 많이 당해 힘든 하루하루를 보냈지. 초등학교 5학년 때 담임 선생님이 청년을 놀리는 친구들을 호되게 혼내 주고 소년의 편이 되어 응원하고 지지해 주셨대. 소년은 그때부터 자존감도 높아지고 친구들이 놀려도 기죽지 않았다고 해. 선생님이 내 편이니까. 선생님이 나를 지지해 주니까.

청년은 자신의 이야기를 다 하고 나니 속이 후련하다며 미소 지었어. 그러고는 자기도 다른 사람의 이야기를 들어주는 사람이 되고 싶다고 했어. 그래서 지금은 샘과 함께 '너의 이야기를 들어줄게!' 활동을 계속하고 있어. 어릴 적 꿈이 개그맨이었는데 지금은 그 꿈을 이루었을까, 어떻게 됐을까? 하하, 나중에 이야기해 줄게.

＊

너희 또래는 몸과 마음의 변화가 큰 시기라 여러 감정이 밀물처럼 왔다 어느 순간 썰물처럼 밀려가곤 하지. 이유 모를 불안과 분노, 외로움과 슬픔, 스트레스 때문에 자아존중감이 떨어진 친구들도 많아. 하지만 마음의 힘으로 이겨 내는 친구들도 많다는 사실을 얘기해 주고 싶어. 지금 힘든 상황 속에 있니? 혹시 주변 사람들의 눈치를 보면서 힘든 시간을 보내고 있지는 않니? '너의 이야기를 들어줄게!', 이제 그 이야기를 해볼게.

2023년 5월

깨끼 박사

차례 —————————————————————

Part 1
우리 좀 친해져 볼까?

Part 2
길거리에서 피켓을 들고

Part 3
너의 이야기를 들어줄게!

Part 4
피켓으로 말해요!

Part 1

우리 좀 친해져 볼까?

세 가지 유형의
친구들

드디어 우리의 첫 만남이구나. 샘은 너희와의 만남이 엄청 기대되는데 너희는 어때? 샘은 원래 학교에서 특강으로 너희를 만난다고 했잖아. 샘이 여러 학교를 다녀 보니까 너희가 샘을 대하는 태도와 분위기가 조금씩 다르더구나. 보통 세 가지 유형으로 나눌 수 있어.

첫 번째는 선생님 말씀 잘 듣고 수업에도 열심히 참여하는 모범생형이야. 많은 친구가 여기에 속해.

두 번째는 '저 선생님 뭐야?' 하는 탐색형이야. 주변 분위기에 따라 열심히 들을지, 그냥 잘지 아니면 딴짓을 할지 판단하는 친구들이지.

세 번째는 '내 맘대로 할게요' 하는 자유영혼형이야. 누가 뭐라고 하든 신경 쓰지 않고 자기 마음대로 하는 친구들이지. "그냥 내버려 두세요" 하고 엎드려 자거나 교실 밖으로 나가는 친구도 있어.

너희는 어떤 유형이야? 첫 번째 모범생형이라고? 하하하, 고마워. 샘의 이야기에 귀 기울여 줄 준비가 되었다니 힘이 나네. 두 번째 탐색형이라고? 음, 그렇다면 샘과 좀 친해져야겠는걸. 세 번째 자유영혼형 친구들 있니? 하하하, 설마 책으로 만나는데도 이런 친구는 없겠지?

* *

너희가 어떤 유형이든 샘은 너희와 함께 고민하고 이야기를 나누고 싶어. 샘의 이야기가 너희를 조금이라도 성장시키고, 너희의 삶을 좋은 곳으로 이끌어주면 좋겠어. 그래서 샘은 너희와 친해질 거야. 이렇게 만나 서서히 친해지는 것을 심리학 용어로 '라포 형성'이라고 하는데, 샘은 '친해지기'라고 불러. 샘은 너희와 첫 만남의 순간인 친해지기 시간을 정말 소중하게 생각해.

샘이 너희를 만나려고 교실에 들어가면 먼저 전체 분위기를 쓱 한번 훑어봐. 특별히 눈에 띄는 친구가 있는지 보기 위해서야. 그러면 대개는 자유영혼형 친구들이 눈에 띄어. 그날은 그 친구들과 친해지는 시간이지. 그 친구들이 만족하는 수업이라면 모든 친구가 재미있어 하거든.

자, 지금부터 자유영혼형 친구들과 친해져 볼까? 샘은 교실 분위기를 흐트러뜨리는 자유영혼형 친구에게 천천히 다가가. 그리고 모두 들을 수 있게 혼잣말을 해.

"아, 열라 짜증 나. 이런 시간에는 놀게 내버려 두지, 무슨 특강을 넣어서 쉬지도 못하게 해. 이런 시간에는 좀 쉬게 해주면 안 되나?"

샘의 혼잣말을 들으면 어떤 생각이 들까? 어떤 친구들은 '뭐 저런 이상한 선생님이 다 있어?' 하는 눈빛으로 쳐다봐. 엎드려 자다가 갑자기 고개를 들고 힐끔 쳐다보는 친구도 있어.

'도대체 어떤 선생님이야?'

그러면 샘은 그 친구에게 이렇게 말하지.

"하하하, 딱 걸렸어!"

그리고 엎드려 있는 친구에게 말을 걸어.

"야, 많이 피곤하겠다. 어제 무슨 일이 있었니?"

그 친구가 어떤 대답을 해도 샘은 이렇게 이야기해.

"아~ 그런 일이 있었구나."

"피곤했겠네."

샘 마음대로 그 친구의 마음을 받아 주고 공감하는 시늉을

하는 거야. 그리고 그 친구를 향해 짜증 반 기대 반의 말을 섞어

서 이렇게 이야기해.

"오늘 샘도 열라 짜증 나는데, 우리 함께 즐거운 시간을 만들어 볼까?"

그러면 신기하게도 너희가 샘의 말을 아주 집중해서 들어. 아마도 샘이 너희의 마음을 알아 주고 공감한다고 느끼기 때문이 아닐까? 그때부터 본격적인 수업이 시작되지. 너희와 언어적, 비언어적 소통의 주파수를 맞추는 과정이라고 할 수 있어.

여기에서 중요한 것은 내가 아닌 상대, 그러니까 샘이 아닌 너희의 입장에서 너희를 바라보고 관심을 가지고 말을 건다는 거야. 너희가 아주 작게 혼잣말로 웅얼거려도 샘은 더 깊은 관심을 가지고 반응해 줘. 그 순간을 놓치지 않으려고 엄청 노력해. 그러고 나서 수업을 시작하면 항상 100퍼센트 성공이야. 샘 앞에는 열심히 경청할 자세로 변신한 친구들만 있기 때문이지. 샘은 산만하거나 장난하거나 엎드려 있는 친구 모두 준비된 친구라고 믿고 있거든.

'멋있게 준비해 줘서 고마워. 경청할 준비 500점!'

샘은 진심으로 너희가 변할 수 있다고 기대해. 기대는 사람을 변하게 만들어. 자기도 모르게 기대에 부응하는 사람이 되려

고 점점 노력하거든. 그 기대를 가지고 너희와 있다 보면 자유 영혼형 친구들도 어느새 기꺼이 경청할 준비를 하고 있어. 샘의 마법에 걸린 거지. 지금 이 책을 읽는 너희도 마찬가지야. 지금 부터 '너의 이야기를 들어줄게!' 활동을 시작하려고 하는데 경청할 준비를 해줘서 고마워.

　　진심, 정말!

이 책을 읽는 모든 순간에 샘이 너희의 눈을 바라보고 있다고 생각해. 샘은 너희가 어떤 질문을 던져도 대답해 줄 거야. 그리고 열심히 경청하는 너희의 모습을 미리 칭찬하고 격려해 줄게. 잘하고 있어!

나에게 힘을 주는
네 친구 이야기

이야기를 본격적으로 시작하기 전에 너희가 꼭 알아야 할 네 친구가 있어. 누구냐고? 바로 너희에게 용기를 주는 마음의 힘 친구들이야. 아마 너희도 많이 들어 봤을 거야. 심지어 이 친구들은 너희를 너무도 잘 알고 있어. 쉬잇, 비밀 한 가지를 알려 줄게. 이 친구들과 친하게 지내면 너희가 원하는 모든 꿈을 이룰 수 있어. 놀랍지 않니?

일단 어떤 친구들인지 한번 만나 보자고. 자, 이제 차례로 소개해 줄게. 소개할 때마다 박수~ 부탁해!

* *

안녕, 나는 자신감 뿜뿜이야. 먼저 나의 구호를 소개할게. 나는 늘 이 구호를 크게 외쳐. 한번 들어 볼래?

"난 할 수 있어!"

나는 내 능력과 가능성을 믿어. 그리고 늘 긍정적으로 생각하려고 노력해. 새로운 경험에 도전하고 때론 실패하더라도 그 순간을 받아들이며 성장하지.

난 너희의 아주 오래된 친구이기도 해. 기억할지 모르지만, 너희가 태어날 때부터 아주 가까이 있었어. 갓난아이 때 너희가 울면 엄마가 와서 너희의 눈을 사랑스럽게 쳐다보며 달래 주었잖아. 그때부터 나 뿜뿜이는 너희 마음속에 함께했지.

너희가 걸음마를 시작할 때도 함께 있었어. 처음에는 내가 나서지 않아도 혼자 걸음마를 잘하더라. 더 커서는 계단 오르기에도 도전했지. 계단을 오르다가 넘어지면 아파서 울기도 하고,

너무 높아 무서워서 울기도 했잖아. 하지만 곧 울음을 그치고 용기를 내서 다시 도전했어. 걷다가 넘어지고 다시 걷다가 넘어지면서 나중에는 잘 걷게 됐지. 그건 바로 나 뿜뿜이가 너희와 함께했기 때문이야.

참참, 또 기억하니? 유치원 학예회 때도 많은 사람 앞에 서는 게 부끄러워 무대에 서고 싶지 않아 했잖아. 하지만 예쁘고 멋진 의상을 입고 신나게 노래하고 춤을 추었던 기억, 생생하지? 하하하, 그때 내가 너희와 함께 있었기 때문에 학예회도 멋지게 마칠 수 있었지. 물론 어떤 친구는 자꾸 나를 밀쳐 내고 혼자 외롭게 있었어. 지금도 나를 밀쳐 내는 친구들이 있어서 참 속상해. 나 자신감 뿜뿜이는 늘 너희와 함께 있고 싶어. 나와 좀 더 친해지자. 알았지?

* *

안녕, 나는 자아존중감 포옹이야. 내가 항상 외치는 구호는 무엇인지 궁금하지 않니? 들어 봐.

"난 소중해!"

난 소중해!

난 나 자신을 소중하게 여기고 나를 늘 안아 주지. 엄마 아빠의 사랑을 듬뿍 받았던 추억이 있지? 그때를 떠올리면 어떤 기분이 들어? 또 선생님께 "참 잘했어요"라는 칭찬을 들었을 때는?

아마도 모두 따뜻하고 포근한 기분이 들 거야. 그래, 나 포옹이는 언제나 너희의 마음을 따뜻하게 감싸고 있었어. 너희가 칭찬받고 사랑받을 때 언제나 너희 자신을 소중하게 느낄 수 있도록 늘 응원했지.

그런데 이거 알아? 자신을 소중히 여기는 사람은 다른 사람도 소중하게 여겨. 너희가 유치원 때 일이야. 한번은 내 응원을 받더니 친구와 사이좋게 지내고, 놀이터에서 양보도 하고, 엄마가 사준 과자도 친구와 나누어 먹더라고. 너희가 나 포옹이와 친해지면 스스로 사랑받을 가치가 있고, 소중한 존재라는 것

을 알게 되지. 그만큼 친구도 소중한 존재라고 생각하게 돼.

또 자신이 아주 중요하고 큰일을 이루어 낼 유능한 사람이라고 스스로 믿게 돼. 자신을 인정하고 존중하며 긍정적으로 생각하는 마음도 커져. 나에 대한 믿음과 자신감이 생기게 되거든. 설령 누군가가 너희를 비하하는 말이나 행동을 했다 해도 상처를 덜 받아. 어떤 비난도 신경 쓰지 않지. 자신의 가치를 누구보다 잘 알고 있고, 자신의 잠재력을 믿는 힘도 생기기 때문이야. 누가 뭐라고 해도 니희는 이 세상에 하나밖에 없는 너무나 소중한 존재야. 나 자아존중감 포옹이는 늘 너희를 따뜻하게 감싸 줄게. 우리 힘내자. 아자아자, 빠샤!

* *

안녕, 나는 자기효능감 든든이야. 내 구호도 궁금하지? 잘 들어 봐.

"난 나를 믿어!"

나는 내게 주어진 문제를 잘 해결할 수 있다는 믿음이 아주 강해. 앞에서 인사한 자신감 뿜뿜이, 자아존중감 포옹이와 함께 늘 너희 마음속에 있어. 너희 또래는 고민이 많은 시기잖아. 그

질풍노도의 시기를 잘 견뎌 내
려면 자신을 믿는 마음이 아주
중요해. 그래야 새로운 일이나
어려운 일에 도전할 수 있거든.
물론 그때마다 나 든든이가 너
희를 도와줄 거지만.

난 나를 믿어!

　너희가 지금까지 살아오
는 동안 나 든든이와 함께했던
때가 무척 많았는데 혹시 기억하니? 아니, 언제 같이 있었냐고?
너무 서운한데? 곰곰이 잘 떠올려 봐.

　너희 모두 잘하는 게 있지? 그림을 잘 그리는 친구도 있고,
노래를 잘 부르거나 춤을 잘 추는 친구도 있고, 농구나 축구를
잘하는 친구도 있을 거야. 물론 게임을 잘하는 친구도 있을 테
고. 그런데 너희가 처음부터 잘했던 건 아니야. 처음에는 공을
멀리 못 차거나 노래를 부를 때 음정을 틀리기도 했지. 그때마
다 나 든든이가 너희 마음속에서 늘 함께했기에 또 도전할 수
있었어. 무슨 소리냐고? 우리 같이 상상해 볼까?

　어릴 때 엄마 아빠 손 붙잡고 전시회에 많이 다녔어. 유명

한 화가의 그림을 보면서 '나도 저렇게 잘 그리고 싶어' 하는 마음이 들어 도화지에 그림을 그리기 시작했지. 처음에는 열심히 그려도 그림이 이상했어. 머릿속에 있는 대로 그리지 못했지.

그런데 자꾸 그리다 보니 어느 순간 '오호, 나 좀 하는데' 하는 마음이 드는 거야. 때마침 옆에 있는 친구도 "오, 좀 그리는걸" 하고 칭찬한다면 어떨까? 당연히 우쭐한 기분이 들고 더 잘 그려 보고 싶은 생각이 들 거야. 그때 또 때마침 지나가던 미술 선생님이 네 그림을 한참 보시더니 이렇게 말씀하시는 거야.

"이 그림은 색감도 좋고 구도도 좋은데? 조금만 더 배우면

훌륭한 그림작가가 되겠어."

　내가 무언가를 시도해서 이룬 결과로 스스로 뿌듯해할 때 옆에서 누군가 '엄지척'해 준다면 이것이야말로 작은 성공 경험이라고 할 수 있어. 나 스스로 '오, 좀 하는데?'라고 느낄 때, 친구와 선생님이 옆에서 칭찬해 주는 그 순간에 나 든든이가 함께한다는 거 잊지 마! 그리고 나 든든이와 친해지려면 너희의 작은 성공 경험을 마음 저금통에 꼭 저축해야 해. 그 작은 성공 경험이 모여서 나중에 큰 문제도 해결할 수 있거든.

나 든든이가 너희 마음속에서 언제나 외치고 있을게.

"난 내가 잘할 수 있다고 믿어!"

* *

안녕, 나는 회복탄력성 콩콩이야. 내 구호도 함께 외쳐 보자.

"흠, 이쯤이야!"

난 어렵거나 스트레스 받는 상황에서 회복할 수 있는 마음의 힘이야.

흠, 이쯤이야!

만약 길을 가다가 작은 웅덩이에 발이 빠지면 너희는 어떻게 해? 그렇지, 작은 웅덩이니까 그냥 발을 빼고 다시 가던 길을 가면 되지. 그런데 문제가 생겼어.

그 웅덩이에 물이 고여 있어서 신발이 다 젖었다면 어떨 거 같아? 신발도 젖고 양말도 젖고 당연히 기분이 좋지 않겠지. 아마도 엄청 짜증을 내면서 소리치는 친구도 있을 거야.

"아, 열라 짜증 나."

"왜 길이 움푹 패어 있는 거야. 이런 길은 다시 공사 좀 해주시."

그런데 똑같은 상황에서 이렇게 말하는 친구도 있어.

"신발과 양말이 젖은 건 짜증 나지만 그래도 괜찮아. 이 정도는 아무렇지 않아."

물론 이렇게 말하는 친구는 드물 거야. 이쯤에서 나 회복탄

으, 빠졌잖아!

흠, 이쯤이야!
이 정도는
아무렇지도 않아.

력성 콩콩이가 중요한 비밀을 살짝 말해 줄게. 똑같은 상황이라도 내가 어떻게 마음먹느냐에 따라 상황을 다르게 받아들일 수 있어. 나쁜 상황을 행운으로 바꿀 수도 있지. 나 콩콩이의 말을 잘 들어 봐!

문제는 이미 발생했어. 웅덩이에 빠져 신발이 젖었잖아. 그런데 한 친구는 짜증을 내고, 한 친구는 괜찮다고 생각했어. 두 친구는 상황을 바라보는 마음에서 차이를 보인 거야. 딩연히 짜증을 낸 친구는 부정적으로 생각했고, 괜찮다고 생각한 친구는 긍정적으로 생각했어. 그런데 긍정적인 생각은 힘든 상황에서 빨리 빠져나오게 하는 마법 같은 힘이 있어.

왜일까? 하하하, 그 마법 같은 힘이 바로 나 콩콩이야. 나 회복탄력성 콩콩이는 마음의 웅덩이에 빠졌을 때 거기서 빨리 빠져나오게 하는 스프링과 같은 역할을 해.

＊ ＊

마음의 웅덩이는 너희가 앞으로 살아가면서 만나게 될 많은 인생의 문제들과 같아. 웅덩이의 깊이는 발목 정도일 때도 있지만, 때로는 내 키보다 깊을 때도 있어. 웅덩이에 빠지는 이유는 엄청 많아. 공부가 싫어서, 학교에 가기 싫어서, 친구들에게 따돌림을 당해서, 부모님이 이혼해서 등 다양해. 아주 깊은 웅덩이에 빠져서 그 밑바닥에서 웅크리고 있는 친구들도 많아. 나 콩콩이는 그런 너희를 보면 마음이 너무 아파.

깊은 웅덩이 밑바닥에 웅크리고 있으면 너희 안에서 불안, 슬픔, 분노, 외로움 같은 것들이 더 커질 뿐이야. 그러니 이럴 때는 혼자 끙끙 앓지 말고 친구나 선생님을 만나서 힘든 마음을 이야기해. 그러면 분명 나 콩콩이가 너희를 도와서 놀라운 마법이 일어날 거야! 너희가 힘든 일을 만났을 때 마법처럼 행운의 주인공이 될 수 있게 도와줄게. 조금만 더 힘을 내주렴!

욕구 사다리를 아니?

마음의 힘 친구들 이야기 잘 들었어? 우리가 이 친구들과 꼭 친해져야 하는 이유가 있어. 사람은 누구나 인정받고 싶어 하는 욕구가 있기 때문이야. '욕구'란 내가 원하는 것을 얻고 싶어 하는 마음이야. 내가 원하는 것을 얻었을 때 어떤 기분인지 알지? 그때는 세상에 부러울 것 하나 없잖아. 이 세상에서 내가 제일 잘난 것 같고, 내가 제일 부자가 된 것 같은 마음이야. 이런 경험이 한 번만 있어도 우리는 더욱 긍정적이고 행복한 마음으로 무슨 일이든 할 수 있어.

미국의 심리학자인 에이브러햄 매슬로Abraham H. Maslow는 인간의 욕구는 단계별로 나아간다고 했어. 샘은 매슬로의 욕구 이론이 사다리 같아서 '욕구 사다리'라고 불러. 어때, 이름이 마음에 드니? 일단 그림을 먼저 보렴!

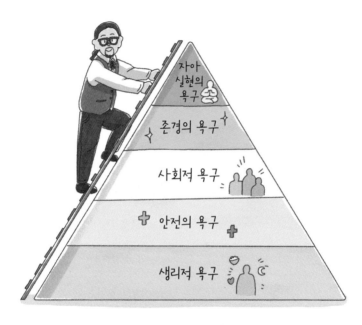

매슬로의 욕구 5단계

＊＊

맨 아래 단계를 차지하고 있는 것은 생리적 욕구야.

우리가 생존을 위해 필요한 식사, 잠, 성적인 욕구 같은 것들이야. 인간에게 가장 중요하면서도 기본적인 욕구지. 특히 몸도 마음도 자라나는 너희에게는 아주 중요해. 이 욕구를 충분히 채워야 건강하게 자랄 수 있어. 그러니까 다이어트한다고 밥 안 먹거나 공부한다고 밤새지 않기!

두 번째 사다리는 안전의 욕구야.

너희가 집도 없고 너희를 돌봐 줄 어른도 없다고 상상해 봐. 그러면 엄청 불안하지 않겠어? 안전의 욕구는 신체적으로든 정서적으로든 너희가 안전하게 보호받을 수 있는 환경을 말해. 뉴스에서 가끔 보도되는 아동 학대나 폭력, 성희롱이나 성폭행은 안전의 욕구를 채우지 못하는 대표적인 사례들이야. 아주 심한 경우에는 죽음으로 내몰리기도 하지.

세 번째 사다리는 사회적 욕구야.

인간은 사회적 동물이라고 하잖아. 그래서 가족, 친구, 동아리, 교회 같은 공동체에 소속되어 있어. 그리고 그 공동체 속에서 지지를 받아. 특히 너희는 학교에서 친구나 선생님과 좋은 사회적인 관계를 맺고 유지하는 것이 중요해. 그렇지 않으면 우울함, 외로움, 고립감을 심하게 겪어서 마음의 힘 친구들을 잃게 되는 경우가 많아. 학교 폭력에 취약해질 수도 있고.

네 번째 사다리는 존경의 욕구야.

이 욕구는 낮은 수준과 높은 수준으로 나눌 수 있어. 낮은 수준은 타인에게 존중받고자 하는 것이고, 높은 수준은 자기 존중 욕구지. 즉, 자신을 이해하고 인정하고 존중하는 것을 말해. 자신의 마음이 어떠하고, 무엇을 원하고, 자신의 역량이 어느 정도인지를 정확히 아는 거야. 자기 자신을 직시하고 사랑하는 것이지. 우리가 흔히 말하는 자신감, 자아존중감, 성취감이 모두 여기에 해당돼. 이 욕구가 충족되려면 자기 자신에 대한 긍정적인 자아상을 가지는 것이 중요하지.

마지막은 바로 자아실현의 욕구야.

너희의 잠재력을 발휘하고 자신의 역량을 키우는 것을 말해. 사람은 누구나 자신의 가치를 인정받고 성취감을 느끼는 것이 중요해. 그렇지 못하면 자신의 삶이나 하고 있는 일에서 공허함과 무기력감을 느껴.

* *

이 욕구 사다리 이야기를 왜 하냐고? 자신감 뿜뿜이, 자아존중감 포옹이, 자기효능감 든든이, 회복탄력성 콩콩이와 친해지면 욕구 사다리의 단계를 스스로 채울 수 있기 때문이야. 사람은 누구나 욕구가 있고, 그 욕구를 스스로 채웠을 때 가장 큰 만족감과 성취감을 느끼거든. 그래야 자신에 대해서도 더욱 긍정적으로 생각할 수 있어. 타인에 대해서도 마찬가지고.

이 욕구들이 채워지지 않으면 부정적인 감정을 더욱 많이 느끼게 돼. 이를테면 생리적 욕구가 충족되지 않으면 계속 짜증이 올라오지. 배고프거나 졸릴 때를 생각해 봐. 아니면 화장실에 가고 싶은데 못 가고 있다면 어떻겠어? 평소보다 쉽게 짜증이 나겠지? 너희 또래는 한창 성장할 시기라 무엇보다 잘 먹고 잘 자는 게 중요해. 그래야 어떤 일이든 시작할 때 자신감 뿜뿜이가 힘을 발휘할 거고!

안전의 욕구가 충족되지 않으면 어떻게 될까? 제일 먼저 불안감을 느껴. 상황에 따라 공포와 무력감도 느끼지. 그러면 자기중심적인 사람이 되거나 부정적인 자아상을 갖는 사람이 되기 쉬워. 자신감 뿜뿜이와 자아존중감 포옹이가 절실히 필요한 상황이 될 거야.

사회적 욕구가 충족되지 않으면 외로움, 우울감, 고립감을 느끼고 무리에 적응하지 못하는 문제가 발생해. 너희 또래는 친구 관계가 무엇보다 중요한데 관계 맺기에 실패하면 자꾸 부정적인 감정만 쌓여. 그러면 자아존중감 포옹이와 자기효능감 든든이가 너희와 함께 있고 싶어도 너희 마음속에서 점점 멀어지게 돼.

자, 그럼 욕구 사다리의 5단계 중에서 너희는 지금 어디쯤에 머물러 있어? 그리고 지금 가장 충족시키고 싶은 욕구는 어떤 거야?

욕구 사다리에 대해서는 여기까지! 일단 자신의 욕구 단계를 확인만 해보자고. 내가 어느 단계에 있든 마음의 힘 친구들과 함께 앞으로 계속 채워 나가면 되니까.

내 마음의 나침반

이제 다시 마음의 힘 친구들 이야기로 돌아가 볼게. 친하게 지내는 친구도 있고, 친하지 않은 친구도 있지? 꼭 이 네 친구와 다 친해져야 하냐고? 좋은 질문이야!

너희 축구선수 손흥민 잘 알지? 왜 갑자기 손흥민 선수냐고? 바로 손흥민 선수는 마음의 힘 네 친구와 아주 친하게 지내는 대표적인 사람이거든. 그런데 손흥민 선수의 아버지가 운영하는 축구교실에서 가장 강조하는 것이 있어. 바로 '기본기'야. 기본기란 기본이 되는 기술과 규칙을 말해. 손흥민 선수가 세계적인 축구선수가 될 수 있었던 가장 큰 비결도 탄탄한 기본기에 있어. 그는 열여덟 살부터 훈련을 하기 전에 오른발 500개, 왼발 500개의 슈팅을 했다고 해. 그리고 승패에 집착하거나 부담을 갖지 않으려고 축구 자체를 즐겼고, 팀 동료들에게도 늘 겸손과 배려의 마음을 잃지 않았대.

이 네 친구는 바로 축구에서 기본기와 같은 거야. 자신감 뿜뿜이, 자아존중감 포옹이, 자기효능감 든든이, 회복탄력성 콩콩이는 마음의 기초 체력과도 같은 거라는 말이지. 그리고 축구에서 왼발 슈팅 500개를 잘하게 되면 오른발 슈팅 500개도 어느 정도 할 수 있잖아? 이처럼 우선은 네 친구 중에 한 친구와 친해져도 다른 친구들과도 곧 친해질 수 있어. 마음속으로 네 친구를 차례차례 다시 한번 불러 볼까?

✱✱

먼저, 자신감 뿜뿜이는 친구를 사귀고, 운동이나 공부를 하고, 진로를 결정하는 데 긍정적인 영향을 미쳐. 자신감이 있는 친구는 무슨 일이든 당당하고 긍정적인 태도로 대하지. 좌절할 일이 있더라도 잘 버티고. 혼자 버티기 힘들 때는 선배나 선생님, 부모님에게 말을 해서 도움도 적극적으로 받아.

반면에 자신감이 없는 친구는 어떤 문제가 닥쳤을 때 주눅이 들고, 작은 어려움에도 크게 당황하지. 자신이 해결할 수 없을 때는 주변에 도움을 청해도 되는데 그런 생각조차 못해. 우리 속담에 '감나무 밑에 누워서 홍시 떨어지기를 기다린다'라는 말이 있잖아. 그 속담처럼 다른 사람이 자신의 문제를 해결해 줄 때까지 기다리거나 그냥 포기해. 다른 사람에게 도움의 손길을 뻗는 것조차 어려워하거든.

　다음으로 자아존중감 포옹이는 자기 정체성과 삶의 방향성을 결정하는 데 아주 중요한 역할을 해. 자아존중감이 높은 친구는 자신을 떠올릴 때 긍정적인 이미지를 떠올리고, 자기 자신이 얼마나 소중한지도 잘 알고 있어. 자신의 생각과 감정을 존중하고 표현하는 능력도 있지. 자신의 선택과 결정에 책임도 질 줄 알고, 자신이 소중한 만큼 다른 사람도 소중하게 여겨.

　하지만 자아존중감이 낮은 친구는 자신을 낮게 평가해. 자신에 대한 이미지도 부정적으로 떠올리고. 그리고 이런 친구들은 타인의 평가에 따라 자신의 가치를 판단해. 그래서인지 자신의 생각과 감정도 소신 없이 표현할 때가 많아. 어떤 결정을 할 때도 자신의 생각보다는 다른 사람의 생각에 휩쓸려 자신이 원하지 않는 결정을 하기도 하고. 우리는 대부분 자기 의지로 결정한 일은 좋지 않은 결과가 나와도 잘 받아들이지만, 자기 의지로 결정하지 않은 일의 결과가 나쁘면 다른 사람을 원망하는 마음만 더욱 커져. 결국은 자신의 미래까지 망치지.

* *

자기효능감 든든이는 도전을 해야 하는 상황에서 더욱 적극적으로 대처하게 하고 성취감도 높여 주지. 자아실현과 삶의 만족도를 높이는 데도 아주 중요한 역할을 해. 자기효능감이 높은 친구는 자신이 어떤 일을 성공적으로 해낼 수 있다는 믿음과 자신감이 있어. 자신이 과거에 해보지 않은 일에 도전할 때도 문제를 해결하는 능력을 보여 줘. 설령 실패해도 또다시 도전하지. 언제나 성취감과 자아실현의 욕구를 추구하려고 노력해. 반면에 자기효능감이 낮은 친구는 그 믿음과 자신감이 부족해서 자신이 해보지 않은 일에는 도전하려고 하지 않아. 새로운 일에 도전하려고 하면 늘 마음이 불안해지지.

회복탄력성 콩콩이는 어려움과 스트레스를 극복하고, 자신을 성장시키고 능력을 키우는 중요한 역할을 해. 회복탄력성

이 높은 친구는 어려움이 닥쳤을 때도 긍정적인 자세로 문제를 해결하려는 의지를 보여. 그리고 실패의 경험에서도 배우고, 좌절했을 때도 끈질지게 버티는 힘이 있어. 예기치 못한 상황이 펼쳐지더라도 유연하게 대처할 수 있어.

그렇지만 회복탄력성이 낮은 친구는 어려운 상황에 놓이면 부정적인 생각을 떨쳐 버릴 수가 없어. 당연히 문제를 해결하기보다는 불평불만만 늘어놓지. 그리고 한 번의 실패가 인생의 전부인 것처럼 낙담해.

✳ ✻

다시 한번 보니까 어떤 친구와 친하고, 어떤 친구와 안 친한지 알겠니? 이제는 너희 모두 자기 마음의 힘을 더욱 잘 관찰했으면 해. 그렇지 않으면 자칫 '삶은 개구리'가 되고 말 거야. 너희도 그 유명한 '삶은 개구리' 실험 알지?

미국 코넬대학교에서 개구리를 이용해 실험을 했어. 뜨거운 물이 담긴 비커에 개구리를 넣었더니 개구리는 위협을 느끼고 곧바로 밖으로 뛰쳐나오려고 안간힘을 썼어. 다음에는 찬물이 담긴 비커에 개구리를 넣고 서서히 가열했어. 시간이 지나고 물이 점점 뜨거워지는데도 개구리는 알아차리지 못하고 버티다 결국 죽고 말았어. 이러한 현상을 '삶은 개구리 증후군^{boiled frog syndrome}'이리고 해. 서서히 나타나는 변화를 느끼지 못하고 비전을 상실하는 것을 말해. '변화 무지 증후군' 또는 '비전 상실 증후군'이라고도 불러.

그러니 자기 마음속에 있는 뿜뿜이, 포옹이, 든든이, 콩콩이가 어떤 상태인지 누구보다 자신이 잘 알아야 해. 자기 마음의 변화에 둔감하다면 그 누구에게도 도움을 요청할 수 없어. 당연히 누구도 너희를 도울 수 없지. 힘든 일이 있다면 친구나 선생님, 선배에게 언제든지 도움을 요청해. 그러면 어느새 마음의 힘 친구들이 너희 곁에 와 있을 거야. 사실 샘이 직접 경험한 것이기도 해.

* *

샘은 고등학교 때 어머니가 갑자기 불치병 선고를 받고 돌아가시는 바람에 아주 우울한 사춘기를 보냈어. 다행히 그때 샘 주변에는 샘의 이야기를 들어주는 좋은 친구와 선생님이 계셨어. 그들에게 샘의 힘든 마음을 이야기하면서 자신감 뿜뿜이와 자아존중감 포옹이, 자기효능감 든든이, 그리고 회복탄력성 콩콩이와 늘 함께하며 우울증을 극복할 수 있었어. 마음의 힘 네 친구는 내 마음의 중심을 잡아 주는 내 마음의 나침반과도 같아.

그렇게 샘이 우울한 사춘기를 지나면서 누군가에게 내 이야기를 하는 것이 얼마나 중요한지 알았어. 지금은 다른 사람의 이야기를 들어주는 사람이 되었지. 그러니까 지금부터 펼쳐질 이야기는 친구의 이야기를 들어주고, 친구에게 내가 듣고 싶은 이야기를 요청하면서 이 마음의 힘 친구들을 다시 내 곁으로 불러들이는 이야기야.

자, 이제 슬슬 시작해 볼까?

Part 2

길거리에서 피켓을 들고

다음을 보세요

너무너무 힘들 때
누군가 너의 이야기를 귀 기울여
들어준 적이 있니?

◈ OECD 어린이 행복지수
네덜란드(115.21)>노르웨이(114.58)>스페인(113.98)>벨기에(88.47)>대한민국(79.5)
_OECD 2021년 22개국 조사, 초등학교 4~6학년 기준. 한국방정환재단 제공

● 늘어나는 어린이 우울증 환자
6,421명(2017년) > 9,621명(2020년)
_5~14세 기준. 건강보험심사평가원 제공

생명의 다리
마포대교

자, 여기는 마포대교야. 자살을 시도하려고 마포대교 난간을 따라 터벅터벅 걸어가고 있는 한 사람이 있어. 어깨는 축 처져 있고 얼굴은 근심으로 가득해. 분명 가족이 있는 어른 남자인 것 같아. 집에 사랑하는 아들딸이 있고 부모님도 살아 계실 거야. 행복했던 추억과 소중하게 생각했던 많은 것이 있겠지. 그런데 얼마나 힘들었으면 이 모든 것을 뒤로하고 마포대교를 걷고 있을까?

잠깐, 마음의 힘 친구들과 잠시 이야기를 나눠 볼게.

자신감 뿜뿜아, 이분의 마음이 지금 어떠니?

"너무 힘들어서 살고 싶지 않은 것 같아요. 저를 부르면 제가 함께할 텐데 혼자 외롭게 있는 모습이 속상해요."

자아존중감 포옹아, 이분에게 어떤 일이 있었니?

"제가 함께했던 얼마 전까지는 별일 없이 지냈어요. 그런데 갑자기 감당하기 힘든 일이 생겼는지 저를 멀리하더라고요."

자기효능감 든든아, 이분에게 어떤 일이 있었니?

"혼자 힘으로는 감당하기 힘든 일이 있었어요. 그 일에 무너지는 모습을 보니 저도 너무나 안타까워요."

회복탄력성 콩콩아, 어떻게 하면 좋을까?

"그동안 이루었던 작은 성공 경험들을 떠올리면 버틸 힘이 생길 텐데 속상해요."

그렇게 그가 다리 위를 걷고 있을 때 걸음에 맞춰 난간에 불이 하나씩 켜지기 시작했어. 불이 켜지면서 난간에 쓰여 있는 '밥 먹었어?' '잘 지내니?' 같은 글귀가 그의 눈에 들어왔어.

그 글귀가 그에게 어떻게 느껴졌을까? 위로가 되었을까? 잠시 후면 모든 것을 뒤로하고 난간 아래로 뛰어내릴 텐데. 과연 그 글귀들이 그의 마음을 붙잡을 수 있었을까? 어땠을 것 같아?

✳ ✳

2012년 서울시는 여의도와 마포를 잇는 마포대교를 세계 최초의 쌍방향 소통형 스토리텔링 다리로 만들었어. 일명 '생명의 다리', 자살 예방을 위한 프로젝트였어. 마포대교는 한강 다리 중 가장 많은 자살 시도와 사망자가 발생한 다리였거든. 밤에 사람이 다리 위를 걸으면 센서가 작동해 다리 난간에 불이 켜지면서 글귀가 보여. 다리 난간에는 시민들에게 공모하여 선정된 글귀가 쓰여 있어. 57쪽, 58쪽의 글귀들이 바로 그 공모에서 선정된 것들이야.

생명의 다리 프로젝트를 시작하고 자살률이 얼마나 줄었을까? 1년 후 연말 보도자료를 보면 놀랍게도 프로젝트를 시작하기 전보다 오히려 자살률이 6배 더 늘었다고 해. 왜일까? 이 이야기를 들려주면 많은 사람이 의문을 가져. "어!" "왜?" "어째서?" "이해할 수가 없어" 자살률이 줄지 않고 더 늘어난 이유는 도대체 무엇일까?

생명의 다리 프로젝트는 해외 유명 광고제를 비롯해 총 37개의 상을 받으며 호평을 얻었어. 대단하지? 그런데 전문가들에게도 공감을 불러일으켰던 이 프로젝트가 왜 사람들의 마음을

밥은 먹었어?

무슨 고민 있어?

별일 없지?

잘 지내지?

많이 힘들었구나.

다 그런 거지 뭐.

속상해하지 마.

같이 걸어요.

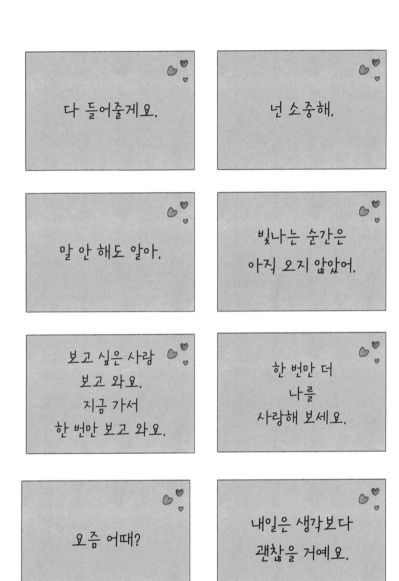

다 들어줄게요.

넌 소중해.

말 안 해도 알아.

빛나는 순간은
아직 오지 않았어.

보고 싶은 사람
보고 와요.
지금 가서
한 번만 보고 와요.

한 번만 더
나를
사랑해 보세요.

오늘 어때?

내일은 생각보다
괜찮을 거예요.

Part 2 길거리에서 피켓을 들고

붙잡지 못하고, 오히려 더 많은 사람이 투신하는 다리가 되었을까? 생각할수록 이해가 안 되고 어리둥절할 거야. 어안이 벙벙하다는 말은 이럴 때 쓰지 않을까? 사실 이 프로젝트는 사람들의 감성에 호소해 자살을 막으려는 것이었어. 그런데 오히려 그 마음을 부추겨 사람들을 마포대교로 더 몰리게 한 거야.

＊＊

2017년, 아주 추운 어느 겨울밤에 샘은 그 다리 위를 걸어봤어. 삶이 힘들어서 죽음을 선택하고 마포대교를 찾아오는 사람들의 마음이 너무나 궁금했거든. 그분들의 마음을 느끼고 싶었어. 그런데 마포대교에 첫발을 들이고 걷기 시작한 순간 눈물이 왈칵 쏟아졌어. 죽음을 선택하고 이 다리를 걸었을 사람들의 외롭고 참담한 마음들이 느껴지는 거야. 눈물이 하염없이 볼을 타고 흘러내렸어.

그렇게 눈물범벅이 된 채 천천히 걷고 있는데, 다리 난간에 쓰여 있는 글귀가 하나씩 보였어. 그런데 그 글귀가 하나도 위로가 되지 않는 거야. 평소 같으면 '아, 재미있네, 감성적인 글이네' 하면서 이런저런 생각도 들었을 텐데. 죽음 앞에서 보는 그 글귀들은 어떤 감동이나 위로도 주지 못했어. 심리적으로 무기력하고 극단적인 선택을 결심한 사람들에게는 이런 글귀들을 받아들일 마음의 여유가 없거든.

그렇다면 그들에게 정말 필요한 것은 무엇이었을까? 그래 맞아. 바로 따뜻한 관심이야. 얼마나 힘든 일이 있었는지, 지금 당장 필요한 것은 무엇인지 물어보는 진심 어린 말 한마디. 그들에게 말을 걸어 주고 그들이 하는 말에 귀를 기울여 주는 거지. 다리 난간에 아무리 갖가지 아이디어를 동원해도 사람의 진심이 담긴 따뜻한 관심을 결코 대체할 수 없었다는 거야. 요즘 인공지능, 챗GPT 등이 한창 떠오르지만 그 첨단 기술 또한 마찬가지고.

내가 힘들 때 내 이야기에 진심을 다해 귀를 기울여 주는 한 사람만 있어도 극단적인 생각을 막을 수 있어. 친구가 힘들 때 너희가 진심을 다해 들어준다면 그 친구의 마음은 어떨까?

십대들의 쪽지

여기서 잠깐, 샘 이야기를 해줄게. 샘은 서해 바닷가의 한 마을에서 태어났어. 가족은 모두 일곱이었어. 자상한 엄마와 올곧고 유머가 넘치는 아빠, 그리고 늘 샘의 소원을 들어주시는 할머니가 계셨어. 형제는 4남매로 누나 두 명과 다정한 남동생 한 명이 있었어. 그런데 남동생은 어렸을 때부터 청각 장애를 앓아서 보살펴 주어야 했어.

5월이면 집 안이 아카시아꽃 향기로 가득했어. 행복한 하루하루에 꽃향기가 더해졌지. 그러다 샘의 인생에서 가장 무서운 하루를 맞이하게 됐어. 아버지가 우리 4남매를 앉혀 놓고 말

씁하셨어.

"애들아, 엄마가 백혈병이라 한 달밖에 살 수가 없대."

그 이야기를 듣고 샘은 교회로 달려가 간절히 기도했어. 엄마를 살려 달라고. 샘의 간절한 마음이 통했는지 엄마는 몇 년을 더 사셨어. 엄마가 돌아가시고 샘의 지독히 우울한 사춘기가 시작되었어. 그나마 다행이었던 것은 샘이 의지했던 교회가 있어서 외롭지 않았다는 거야.

* *

고등학교 때 교회 친구에게서 어른 손바닥 크기의 책자를 받았어. 표지에는 이렇게 쓰여 있었지.

'십대들의 쪽지'

몇 페이지 되지 않는 이 얇고 작은 쪽지가 나에게 말을 걸어오는 것 같았어.

'안녕, 나 쪽지야. 요즘 많이 힘들어? 힘들 때마다 나랑 이야기하자. 내가 너에게 조금이나마 위로가 되어 주고 싶어.'

도대체 이 쪽지가 뭐길래 나에게 이런 말을 걸지? 그리고 이 쪽지는 누가, 왜, 어떤 마음으로 만들었을까? 너무 궁금해서

쪽지를 쭉 보았어. 당시 쪽지 한 귀퉁이에서 읽었던 내용을 소개해 볼게.

'십대들의 쪽지는 갈 만한 곳도 없고 쉴 만한 곳도 없고, 터놓고 이야기할 수 있는 상대도 없이 홀로 고민하는 청소년들을 위해 한 젊은이가 눈물로 만들고 있습니다. 이 쪽지는 매월 발행하여 전국 중·고등학교, 직업학교, 소년원, 청소년 단체에 무료로 발송되고 있습니다. 왜냐하면 여러분은 내 마음의 기쁨이기 때문입니다. 여러분을 사랑합니다.'

쪽지를 발행한 분의 마음이 느껴지니? 샘에게는 그 마음이

전해졌거든. 이 쪽지가 샘에게 말을 건 이유를 알게 되었어. 그렇게 샘은 '십대들의 쪽지'와 만났어. 이 쪽지를 발행한 분은 한 전도사님이야. 혼자 고민을 해결할 수 없어 힘들어하는 십대들의 편지를 모아 답장을 해주셨지. 매달 쪽지에 위로와 응원, 그리고 조언과 충고를 담아 방황하는 우리 십대들에게 나침반의 역할을 해주었어.

✳ ✱

샘은 친구들에게 매달 '십대들의 쪽지'를 전달받았어. 쪽지를 다 보고 나면 힘이 나는 글귀나 기억하고 싶은 글을 수첩에 적거나 복사한 다음 이 쪽지가 필요한 다른 친구에게 주었어. 샘 인생에서 가장 힘들었던 해에 이 쪽지는 큰 힘이 되어 주었지. 30년이 훨씬 지난 지금도 그때 위로받았던 쪽지의 복사본을 보관하고 있어. 이 쪽지가 샘에게 얼마나 큰 힘이 되었는지 알 수 있겠지?

십대들의 고민 편지에 진심으로 응원과 격려를 보낸 그 분의 마음이 '너의 이야기를 들어줄게!'로 너희를 만나는 샘의 마음과 같을 거야. 샘은 이 책이 '십대들의 쪽지'처럼 너희에게 힘이 되었으면 좋겠어. 누구에게도 말할 수 없는 힘든 일이 생겼을 때, 정말 필요한 것은 따뜻한 관심과 진심이 담긴 응원과 격려야. 때론 깊은 위로가 필요하기도 하지. 너희도 혼자 외롭게 있지 마. 그럼 이제부터 본격적으로 '너의 이야기를 들어줄게!' 이야기를 시작할게.

벤저민 매서스와
'너의 이야기를 들어줄게!'
일곱 가지 원칙

샘이 '너의 이야기를 들어줄게!'를 생각한 것은 '프리 리스닝Free Listening'이라는 캠페인을 보면서야. '프리 리스닝'은 배우이자 작가인 벤저민 매서스Benjamin Mathes가 2012년에 미국 로스앤젤레스에서 시작했어. 그는 2011년에 아내와 이혼하면서 몇 개월 동안 방황하다 자신의 이야기를 귀 기울여 들어주는 한 사람을 만났어. 자신의 이야기를 진심으로 들어주는 그 사람을 보면서 벤저민은 사랑받고 있다는 느낌을 받았어. 그가 가장 힘들고 외로웠던 시기에 한 사람에게서 따뜻한 위로와 사랑을 받은 것이지.

벤저민 매서스는 자신이 이름 모를 누군가에게서 따뜻한 사랑을 받았듯 자신도 다른 사람들에게 무언가를 해보자고 마음먹었어. 그는 매주 이틀이나 사흘은 지하철역으로 가서 힘든 사람의 이야기를 들어주기로 했어. 그러자 세계 곳곳에서 'FREE LISTENING'이라는 피켓을 들고 이야기를 들어주는 사람이 생겨나기 시작했어. 이 운동으로 수많은 사람이 삶의 희망을 찾았다는 고백이 줄을 이었어.

벤저민 아저씨의 이야기를 듣고 어떤 생각이 드니? 인간은

누구나 힘들 때가 있어. 그때는 방황하게 되고 희망이 없다는 생각에 마음의 힘 친구들을 무시하곤 해. 하지만 누군가 내 곁에서 이야기를 들어주기만 해도 마음의 힘이 꿈틀거리는 것을 느낄 수 있어. 벤저민 아저씨의 이야기를 다시 보면서 마음의 힘 친구들이 언제 함께했는지 볼까?

우선 벤저민 아저씨가 방황할 때 진심으로 그의 이야기를 들어주겠다고 친절하게 다가온 한 사람이 있었잖아. 이때 자신감 뿜뿜이가 힘을 얻으면서 마음속 이야기를 꺼냈지. 그리고 이야기를 진심으로 들어주었을 때 사랑받고 있다고 느꼈어. 자신은 소중하고 가치 있는 사람이라고 생각했잖아. 맞아, 바로 자아존중감 포옹이가 함께한 거야.

그리고 다른 사람들에게도 이러한 위로와 사랑을 나눠 줘야겠다고 생각했지. '나도 다른 사람의 이야기를 들어줘야지' 하고 마음먹고 매주 지하철역으로 나가서 힘든 사람들의 이야기를 꾸준히 들어주었어. 바로 자기효능감 든든이가 마음속에서 함께했던 거야. 이런 과정을 겪으면서 힘들었던 시간의 터널에서 나와 다른 사람들에게 삶의 희망이 되는 순간을 맞이할 수 있었어. 회복탄력성 콩콩이가 함께했기 때문이지.

＊＊

샘도 피켓을 들고 길거리로 나갔어. 정말 많은 사람이 자기의 힘든 속마음을 스스럼없이 이야기했어. 이야기를 다 하고 나면 이런 말을 많이 했어.

"후련해요."

"들어줘서 고마워요."

"정말 힘이 되었어요."

"누구에게도 말하지 못해 너무너무 답답했는데 이제 좀 살 것 같아요."

샘이 사람들의 이야기를 들으면서 깨달은 게 있어. 우리나라에서는 말하는 사람이 듣는 사람의 자세와 태도를 중요하게 생각한다는 거야. 그래서 '너의 이야기를 들어줄게!'를 진행할 때 자세와 태도에 신경을 많이 써. 벤치에 앉아서 이야기를 듣더라도 다리를 꼬거나 이야기 중에 다른 곳을 보지 않아. 이때부터 샘은 '너의 이야기를 들어줄게!' 일곱 가지 원칙을 세웠어.

이 일곱 가지 원칙은 말하는 사람에게 마음의 힘 친구들을 불러내는 열쇠가 되기도 해. 어떤 원칙이 친구들을 불러내는지 다음 그림을 보고 맞혀 봐.

하나. 그의 존귀함을 인정합니다.

둘. 내 생각을 주장하지 않습니다.

셋. 그의 옆자리에 앉습니다.

넷. 온 감각을 다해 듣습니다.

다섯. 적절한 공감의 표현을
하며 듣습니다.

여섯. 절대 비밀을 보장합니다.

일곱. 1초 1분의 기적을 실천합니다.

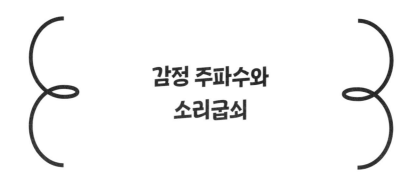

감정 주파수와
소리굽쇠

"저는 들어주기만 했는데 우울한 마음이 사라졌대요."

샘과 함께 길거리에서 사람들의 이야기를 들어주었던 선생님들이 했던 이야기야. 우리가 대화를 할 때 말하는 사람과 듣는 사람 사이에는 눈에 보이지 않는 과학 원리가 작용해. 혹시 바람이 어떻게 부는지 관찰한 적이 있니? 눈에 보이지 않는 공기가 진동해서 바람을 만들고, 그 바람이 나뭇가지를 흔들지. 공기의 진동이 너무 크면 태풍이 되어서 나무를 뿌리째 뽑는다는 것도 우리가 이미 알고 있는 사실이야.

감정 주파수는 공기의 진동처럼 우리가 갖는 감정의 진동

주파수를 말해. 우리는 생각하고 말할 때 감정의 주파수를 내보내. 그 주파수는 우리 주변에 있는 다른 사람들에게도 전달돼서 그들과 소통하고 관계를 맺는 데 아주 중요한 역할을 해. 그래서 우리는 대화할 때 상대방의 말에 집중해서 그의 감정 주파수를 탐색하고 그때그때 적절한 언어적, 비언어적인 대응을 하지.

상대방의 말을 듣지 않고 중간에 말을 끊거나 방해하는 사람에게는 감정 주파수를 차단해서 관계 형성에 방해가 될 수 있어. 반면 상대방의 감정 주파수에 맞춰 적절한 반응을 하면 서로의 감정을 더 잘 이해하고 관계를 더욱 발전시킬 수 있지. 그래서 '너의 이야기를 들어줄게!' 활동을 할 때는 상대방의 감정 주파수를 탐색하고 맞추는 것이 무엇보다 중요해.

누군가의 이야기를 진지하게 들어주는 것도 공기의 진동이 나뭇가지를 흔드는 것과 같아. 서로의 감정 주파수가 맞춰지면 상대방의 마음을 감동시키게 돼.

＊ ✱

샘이 무척 좋아하는 실험이 있어. 바로 소리굽쇠 실험이야. 누군가의 이야기를 들어주는 것이 그 사람에게 얼마나 큰 위로와 격려, 지지와 응원이 되는지 이 실험으로 확인할 수 있어.

기억하지? 소리굽쇠는 초등학교 과학 시간에 공명 실험을 할 때 나오는 작은 기구야. 보통 두 개의 소리굽쇠로 실험을 하지. 모든 물체는 자기 고유의 소리를 갖고 있어. 각 물체가 갖고 있는 진동수가 달라서 서로 다른 소리를 내는 거야. 여기까지 이해되었지?

이제 왼쪽에 있는 소리굽쇠를 쳐 봐. 그러면 소리굽쇠의 소리가 울리면서 아래의 나무로 된 사각 소리굽쇠통으로 전달되어 통을 울려. 소리굽쇠의 진동수가 갖고 있는 소리가 나는 거지. 진동수는 1초 동안 진동하는 횟수를 말해. 이 진동은 오른쪽에 있는 소리굽쇠통에 전달되어 똑같은 진동수로 울리게 되고, 위에 있는 소리굽쇠도 같은 진동수로 떨리게 돼. 두 개의 나무

사각통이 서로 마주 울려서 큰 울림 현상을 만들게 되지. 이렇게 크게 울리는 현상을 공명이라고 해.

* *

감정의 공명 현상도 이와 같은 원리야. 상대방의 감정에 공감하여 같은 감정을 느끼게 되는 현상을 말하지. 즉, 상대방의 감정이 우리의 감정과 공명하면서 더 큰 감정을 만들어. 예를 들어 상대방이 슬퍼서 울음을 터뜨릴 때 우리도 그 감정에 공감하며 함께 슬퍼하고 울 수 있어.

감정의 공명 현상은 다양한 방식으로 나타날 수 있지만, 샘은 진실한 대화를 나눌 때 더욱 잘 느낄 수 있다고 생각해. 왜 그런가 좀 더 이야기해 볼게. 우리는 주로 말을 하면서 친구들과 소통해. 친구들과 대화할 때 보통은 듣기보다 말하기에 집중하는 편이야. 그런데 진정한 소통은 듣는 것에서 완성돼. 샘이 너희에게 '들어주기'를 강조하는 것도 그 때문이야. 샘은 너희가 서로 이야기를 들어주며 감정의 공명 현상을 느끼기를 바라. 누군가의 이야기를 들어주는 동안 놀랍게도 관계가 치유되는 경험을 할 수 있거든.

"너의 이야기를 들어줄게!" 하고 손을 내미는 사람과 "내 이야기를 들어줘!" 하고 말하는 사람이 만나면 서로 신뢰하게 돼. '너의 이야기를 들어줄게!', 이 말은 '너와 함께할게!'라는 말이기도 하거든. 내 이야기를 들어주는 사람은 너무나 소중한 존재이지. 마찬가지로 '내 이야기를 들어줘!'라고 요청하는 사람 또한 소중한 존재야. 두 사람은 이미 경청으로 서로 연결되었고, 그 신뢰 관계 속에서 치유가 시작되었다고 할 수 있어.

샘은 이것을 '관계 치유'라고 불러. 관계 치유는 감정의 공명 현상으로 나타나는 가장 큰 힘이라고 할 수 있어. 누군가의 이야기를 들어주는 것은 사랑의 시작이고 귀 기울여 들어주는 것은 생명의 순환이야.

나는 내가 싫어!

샘은 '너의 이야기를 들어줄게!'를 진행하며 너희의 이야기를 많이 들었어. 친구들과의 문제, 부모님과 겪는 갈등, 성적 등 다양한 이유로 힘든 시간을 보내고 있는 친구들이 많았어. 한 친구가 샘한테 들려준 말 중에 지금도 잊을 수 없는 말이 있어.

"어디론가 끌려가는 것 같아요."

자신이 원하는 삶을 사는 게 아닌 것 같다는 이 말을 들었을 때 샘은 무척 안타까웠어. 그런데 그보다 더 안타까운 게 있어. 자기 자신을 존중하지 않는 친구들이 많다는 거야. 아마 나를 존중한다는 것이 무슨 의미인지 한 번도 생각해 보지 않은 친구들도 많을 거야.

가끔 "나는 내가 싫어!"라고 말하는 친구들을 만나는데 부정적인 감정이 온 마음을 지배하고 있는 경우가 대부분이야. 자신의 긍정적인 모습을 받아들이기 전에 부정적인 모습을 먼저 선택하는 거지. 자기 자신을 인정할 때 비로소 자신감 뿜뿜이, 자아존중감 포옹이, 자기효능감 든든이, 회복탄력성 콩콩이가 마음속에서 춤추게 돼. 그래서 자기를 돌보는 게 정말 중요해. '너의 이야기를 들어줄게!' 활동의 전제 조건이기도 해.

✳ ✱

너희는 자기 자신을 사랑하니? 한 정신과 전문의 선생님이 요즘 아이들이 자신을 사랑할 수 없는 이유 네 가지를 뽑았는데 너무 공감돼서 소개할게. 아마 너희도 무척 공감할 거야.

많이 혼난다.
부모님의 기대가 너무 크다.
나를 도와주고 격려해 주는 사람이 없다.
내가 좋아하는 것을 하기 어렵고 두렵다.

어때, 공감되지 않니? 샘이 상담을 하면서 실제로 이런 친구들을 많이 만났어. 한 친구는 이렇게 호소했어.

"사실 요즘 여러 일이 겹쳐서 너무 힘들고 죽고 싶어요."

죽고 싶다고 말하는 친구들의 이야기를 듣다 보면 공통점이 보여. 그게 뭘까? 정답은 자주 하는 말에 있어. 그 친구들은 가까운 친구나 부모님에게 이런 이야기를 자주 한다고 해.

"나는 내가 싫어!"

어때? 너희 중에 이런 생각을 가진 친구는 없니? 아니면 가까운 친구에게 이런 이야기를 들은 적은 없어? 혹시라도 자기

나는 내가 싫어!

자신을 싫어하는 친구가 있다면 꼭 한번 생각해 보면 좋겠어.

'나는 왜 나를 사랑하지 않지? 나는 왜 내가 싫을까?'

＊✱

샘은 알아. 자기 자신을 사랑하지 않는 그 모습마저 싫은 거. 뭐가 됐든 생각하고 싶지도 않고 어디론가 도망가고 싶은 그 마음을 알아. 그런 생각, 그런 마음조차 너 자신이야. 그런 자신의 모습을 있는 그대로 인정해 줘. 그리고 가슴에 손을 얹고 크게 호흡한 다음 샘을 따라서 자기 자신에게 세 번만 말해 줘. 그러면 마법처럼 마음이 따뜻해지는 것을 느낄 거야.

자, 두 손을 가슴에 얹고 호흡을 크게 하고 따라서 해봐.

나는 내가 싫어, 하지만 이 모습도 나야.
그런 나를 인정해. 그런 나를 받아들일 거야.

나는 내가 싫어, 하지만 이 모습도 나야.
그런 나를 인정해. 그런 나를 받아들일 거야.

나는 내가 싫어, 하지만 이 모습도 나야.

그런 나를 인정해. 그런 나를 받아들일 거야.

어때, 마음이 조금은 안정되지 않니? 나를 있는 그대로 받아들이는 것은 나를 사랑하는 첫걸음이야. 그 길은 자신감 뿜뿜이가 함께할 거야. 앞으로도 자기 자신이 싫어지면 지금 한 것처럼 세 번만 말해 봐. 알았지? 또 하나의 주문을 알려 줄게.

'난 정말 소중한 사람이야! 난 이 세상에 단 하나밖에 없는

나는 내가 싫어,
하지만 이 모습도 나야.
그런 나를 인정해.
그런 나를 받아들일 거야.

최고의 걸작품이지.'

　'난 정말 소중한 사람이야! 난 이 세상에 단 하나밖에 없는
최고의 걸작품이지.'

　'난 정말 소중한 사람이야! 난 이 세상에 단 하나밖에 없는
최고의 걸작품이지.'

　주문을 외울 때 마음속에 자아존중감 포옹이와 자기효능
감 든든이도 함께하는 것이 느껴지지 않니? 그래, 맞아. 자기 스
스로를 인정할 때 부정적인 감정이 마음속에서 흘러가고 긍정
적인 감정이 싹트게 돼. 그러면 비로소 어려운 일이 닥쳤을 때
좌절하지 않고 일어설 수 있도록 회복탄력성 콩콩이가 힘을 줄
거야. 함께 힘을 내자.

Part 3

너의 이야기를 들어줄게!

내가 듣고 싶은 말 써 보기

샘은 '너의 이야기를 들어줄게!' 활동을 진행하면서 많은 친구를 만났어. 지금도 그 친구들과 좋은 관계를 유지하면서 계속 만나고 있어. '너의 이야기를 들어줄게!'는 자기 마음속의 이야기를 듣는 것부터 시작해.

너희가 힘들 때 듣고 싶은 말은 무엇인지, 자기 마음속 이야기에 귀 기울여 봐. 내가 친구나 선생님, 부모님, 주변 사람들에게 정말 듣고 싶은 말은 무엇인지 생각해 봐. 속상할 때 어떤 말을 들으면 힘이 날까? 듣고 싶은 말이 떠올랐으면 종이에 적어 봐. 다른 친구들은 어떤 말을 적었는지 볼까?

난 네 편이야.

오늘도 수고했어!

넌 나한테 최고야.

힘내!

힘들지 말고 행복하자.

너의 이야기를 들어줄게!

걱정 마, 잘될 거야.

요즘 무슨 일 있어?

괜찮아? 괜찮아!

항상 네 곁에 있을게.

노력했으면 됐어.

넌 누구보다 소중해.

넌 할 수 있어!

난 널 믿어!

와, 정말 다양한 말을 듣고 싶었구나. 친구에게 듣고 싶은 말도 있고, 부모님이나 선생님 같은 어른에게 듣고 싶은 이야기도 있네. 너희가 듣고 싶은 말은 정말 별것 아닌데, 이 말 한마디를 못 해줘서 너희 마음에 상처를 줬는지도 모르겠다. 모든 어른들을 대표해서 샘이 너희에게 사과하고 싶어. 미안해!

너희가 듣고 싶은 한마디 한마디를 보니까 너희 마음이 어떤지를 알 것 같아. 그 한마디를 들으면 너희 마음의 힘인 뿜뿜이와 포옹이, 그리고 든든이와 콩콩이가 너희 마음속에서 얼마나 기쁘게 춤출지 느껴져. 샘은 너희 마음속 네 친구가 어떤 말을 들었을 때 신나서 춤추는지 알고 있어.

자신감 뿜뿜이는 용기를 주는 말을 좋아해. 그런 말을 들으면 신나게 춤을 추지. 한번 볼까?

자아존중감 포옹이는 어떨 때 춤을 추는지 볼까? 포옹이는 자신을 아주 소중하고 특별하게 여기는 말을 좋아해.

자기효능감 든든이도 보자. 든든이는 자신을 믿어 주는 말을 좋아해. 그런 말을 들으면 자신감이 솟지.

회복탄력성 콩콩이는 어떤 상황에서도 긍정적인 말과 함께해 주겠다는 말을 좋아해. 그런 말을 들을 때 춤을 추지.

그리고 너희 각자의 상황에 따라 마음의 힘 친구들을 춤추게 하는 말도 달라지지. 특히 힘든 일을 연달아 겪을 때는 진심이 담긴 '괜찮아' 한마디만으로도 뿜뿜이, 포옹이, 든든이, 콩콩이 모두 춤을 출 거야.

자, 이제 너희가 정말 듣고 싶은 말이 무엇인지 알았지? '너의 이야기를 들어줄게!' 다음 단계로 가보자고!

비밀 유지 약속

'너의 이야기를 들어줄게!' 활동을 본격적으로 시작하기 전에 할 일이 하나 있어. 바로 비밀 유지 약속을 하는 거야. 친구의 이야기를 들어줄 때 비밀 유지 약속은 정말 중요해. 왜냐하면 사람들은 누구나 남에게 말하고 싶지 않은 이야기가 있거든. 자신이 부끄럽거나 잘못된 행동을 했을 때는 더욱 그래. 내가 이 이야기를 해서 자칫 친구와 관계가 틀어질 수도 있다고 생각되면 말하고 싶지 않아. 어떤 친구는 자신에 대한 부정적인 생각이나 자존심 때문에 입을 꾹 닫기도 해.

'너의 이야기를 들어줄게!' 활동에서는 친구에게 먼저 이렇게 말해 주는 게 좋아.

"네가 무슨 말을 해도 비밀로 할게. 편하게 말해도 돼!"

그러면 어떤 친구는 마음을 열지만 어떤 친구는 의심의 눈초리로 바라볼 수도 있어. '정말 비밀을 지켜 줄까?'라는 생각이 드는 거지. 자신이 이야기할 내용이 얼마나 중요한 것인지에 따라서도 다르게 받아들이고. 사람은 자신의 약점을 다른 사람에게 보이고 싶어 하지 않거든. 그 친구에게 아주 중요한 내용이라면 더디욱 말하기 힘들 거야.

그래서 비밀 유지 약속을 하고 난 다음에는 진심을 보여 주며 신뢰를 쌓는 것이 중요해. 자신의 말을 들어주는 사람에 대한 신뢰가 쌓이면 상대방은 서서히 마음의 문을 열 거야. 우리 마음의 문에 있는 문고리는 마음 안에 있어. 그래서 오로지 마음으로만 문을 열 수 있지. 그 마음의 문을 여는 순간은 자신감 뿜뿜이가 함께헤.

이때 상대방의 감정과 생각에 공감하고 이해해 주면, 자아존중감 포옹이가 함께해서 상대방은 존중받는다는 느낌을 갖게 돼. 그러면 함께한 시간이 짧더라도 마음 깊은 곳에 있던 이야기를 하게 돼. 비밀 유지를 약속한 사람에 대한 신뢰가 깊어져서 그동안 꽁꽁 감추었던 감정들도 꺼내게 되지.

비밀 유지 약속은 그렇게 감정의 물꼬를 트고 흘러가게 하는 힘이 있어. 이제 용기를 내서 도움이 필요한 친구에게 다가가 비밀 유지 약속을 하고 이야기를 들어 보지 않을래?

＊＊

샘이 언젠가 한 친구를 만나서 이야기를 나눌 때였어. 친구의 얼굴에 걱정과 근심이 가득했어. 대화를 나누는데도 이야기가 겉도는 느낌이었지. 그 친구가 하고 싶은 이야기는 따로 있어 보였는데 그 이야기를 꺼내지 않았어. 샘이 그 친구의 부모님과 아는 사이여서인지, 자신과 나눈 이야기를 부모님에게 말할까 봐 걱정이 되었나 봐. 샘이 먼저 말했어.

"샘에게 진짜 하고 싶은 이야기가 있는데 차마 말을 못 꺼내는 이유가 있니? 혹시 엄마 아빠가 알까 봐 걱정된다면, 지금부터 하는 이야기는 샘이 모두 비밀로 할 거야. 그러니까 걱정하지 말고 편하게 말해."

그러자 근심 가득한 친구의 얼굴이 조금은 편안해졌어. 그리고 자신의 불안한 마음과 걱정거리를 이야기했어.

"샘, 사실은 지난번 시험을 망쳤거든요. 이번에는 시험을 잘 봐서 부모님을 실망시켜 드리고 싶지 않은데, 공부에 집중이 안 되어서 불안해요."

샘은 그 친구의 이야기를 진심으로 들어주었어. 시험을 망쳐서 속상한 마음도, 부모님을 실망시켜 드리고 싶지 않은 착한 마음도, 공부에 집중을 못 해 성적이 안 나올까 봐 염려하는 마음도 모두 공감이 갔어. 그리고 그런 불안과 염려는 열심히 하려는 마음에 전혀 도움이 되지 않는다고 조언해 주었어. "오히려 그 마음을 부모님께 솔직히 말하면 더 편하지 않을까?" 하고 질문도 던졌지. 샘이 이야기를 마치자 그 친구가 말했어.

"샘, 혼자 고민만 하고 있었는데, 샘이 비밀을 지켜 준다고 해서 편하게 말할 수 있었어요. 그리고 진심으로 들어주고 조언해 주셔서 마음이 무척 편안해졌어요. 제 마음을 솔직히 말씀드리면 부모님도 저를 응원해 주실 것 같아요. 부모님과도 대화하고 더 노력할게요. 제 이야기를 들어주셔서 정말 감사해요."

＊＊

샘이 학교에서 '너의 이야기를 들어줄게!' 활동을 할 때는

서로의 이야기를 들어주기 전에 각자 오른손을 들고 먼저 선서
를 해.

"오늘 친구의 이야기를 듣고 비밀로 하겠습니다."

어땠을까? 친구들이 진짜 비밀을 지켜 주었을까? 궁금하
지? 놀랍게도 모두 친구들의 비밀을 지키려 노력했어. 친구의
이야기를 들을 때도 자세나 태도에 신경을 썼지.

그런데 비록 선서를 했더라도 비밀 이야기는 잘 안 해. 왜
그럴까? 맞아, 서로를 너무 잘 알고 있기 때문이야. 친한 사이라

내가 비밀 이야기를 했을 때 그 여파가 클 거라고 생각하는 거지. 특히 같은 반 친구일 경우에는 더욱 힘들어. 그래서 같은 반 친구들끼리 '너의 이야기를 들어줄게!' 활동을 할 때는 서로를 믿는 만큼 말해 보라고 해.

✻

반대로 서로 모르는 친구들이 모여서 이 활동을 하면 자신의 마음속에 있는 힘든 이야기, 속상한 이야기를 더 잘 꺼내. 물론 들어주는 친구도 진심을 다해 들어줘. 평소의 장난기 많던 모습은 온데간데없고 진지한 얼굴로 귀를 기울이지.

그래서 샘은 이 활동을 할 때 늘 비밀 유지 약속을 하자고 제안해. 너희가 잘 아는 친구들끼리 하든 서로 모르는 친구들끼리 하든 말이야. 서로 모르는 친구들끼리 하더라도 비밀 유지는 아수 중요하거든.

"비밀을 지켜 줄게"라고 말하면 그 친구를 믿게 돼. 그 신뢰감은 우리의 마음을 열게 만들지. 내가 어떤 이야기를 하더라도 괜찮겠다는 생각이 들어 더욱 솔직한 대화를 나눌 수 있어. "비밀을 지켜 줄게"라고 약속한 친구도 책임감을 갖게 돼. 그래서 더욱 진지하게 친구의 이야기를 들어줄 수 있어. 물론 이 약속은 꼭 지켜야 해. 친구와 약속했는데 비밀을 누설한다면 서로 신뢰가 깨지고 비밀 이야기를 말한 친구는 상처를 받을 거야. 한마디로 비밀 유지 약속에는 엄청난 책임감이 따르지.

한번은 두 친구가 서로의 이야기를 들어주는 모습을 조금 떨어져서 지켜보았어. 두 친구는 서로 모르는 사이인데도 진지하게 대화를 했어. 그런데 어느 순간, 두 친구가 눈물을 닦으면서 이야기를 나누는 거야. 샘의 마음이 찡했어. 그리고 모르는 친구에게 편하게 말하는 친구의 모습도, 모르는 친구의 말을 귀기울여 들어주는 친구의 모습도 참 예쁘고 고마웠어. 서로의 약속을 지켜 주는 두 친구의 모습을 보니 훌륭하게 성장할 두 친구의 미래가 그려지는 거야.

다시 한번 정리해 볼게. 비밀 유지 약속은 더욱 진지하고 솔직한 대화를 나눌 수 있게 해. 그래서 서로를 더욱 이해하고 깊은 관계를 만들어 줄 수 있어. 그리고 비밀 유지 약속은 책임감이 따르는 만큼 반드시 지킬 것! 꼭 기억해 줘.

너의 이야기를 들어줄게 1:
공감하며 듣기

이제 또 한 단계를 올라왔어! 이번에는 듣기 방법을 이야기할게. 사람은 누구나 관심이 필요해. 내가 힘들 때 누군가 관심을 갖고 무슨 일이 있는지 이야기를 들어주기만 해도 큰 위로가 되지. 그 관심은 나의 마음을 전할 수 있는 출발점이라고 할 수 있어.

'너의 이야기를 들어줄게!'는 서로의 이야기를 들어주는 활동인 만큼 듣기 방법이 중요해. 듣는 데도 방법이 있냐고? 물론이야! 특히 마음이 위축되어 있거나 힘든 사람의 이야기를 들어줄 때는 어떻게 듣느냐가 무엇보다 중요해. '너의 이야기를 들어줄게!'는 두 가지 경청 방법으로 진행해.

* *

첫 번째 방법은 공감하며 듣기야.

아마 학교에서 소통과 경청이 중요하다는 이야기를 많이 들었을 거야. 그런데 그 중요성을 알더라도 친구의 이야기를 경청하기란 쉽지 않아. 어떻게 경청해야 하는지를 모르기 때문이야. 그냥 듣는 것과 경청하는 것에는 큰 차이가 있어. 경청에서 정말 중요한 것은 바로 공감하며 듣는 자세와 태도야.

미국의 유명한 심리학자인 칼 로저스^{Carl Ransom Rogers}는 일찍이 공감하며 경청하기의 중요성을 이야기했어. 칼 로저스는 마음이 힘든 사람들을 치료하려면 무조건적으로 긍정적인 존중과 관심을 보이고, 공감하며 이해해야 한다고 이야기했어. 그렇게 하면 아무리 심리적으로 힘든 사람이라도 스스로 변화를 모색하며 문제를 해결하려는 의지를 갖는다고 생각했지. 마음의 아픔이 있는 사람에게 삶의 방향을 안내하기보다는 스스로 삶을 긍정적으로 바꿀 수 있는 힘을 내도록 도와야 한다고 믿었던 것이지.

로저스가 환자들을 치료할 때 가장 중요하게 생각한 것은 적극적으로 경청하기야. 그들의 이야기를 귀 기울여 듣고 진심으로 공감하며 관심을 보이면 마음이 아픈 사람에게 스스로 변화할 수 있는 힘을 준다고 주장했지. 실제로 그의 치료법은 많은 사람에게 도움을 주었고, 학자들에게도 인정받았어. 샘도 공감적 경청을 위해 주로 아래의 방법을 많이 쓰는데 참고해 줘.

하나. 고개를 끄덕인다.

둘. 중간에 말을 끊지 않는다.

셋. 말하는 사람의 눈을 바라본다.

**＊

실제 샘이 '너의 이야기를 들어줄게!' 활동을 하면서도 이야기를 들을 때의 자세와 태도가 얼마나 중요한지 깨닫게 되었어. 그리고 대부분의 어른들이 너희의 이야기를 경청하지 않는다는 것도 알게 되었지. 특히 부모님은 대충 듣거나 중간에 말을 끊고 잔소리를 한다는 친구가 많았어. 너희는 그 모습이 싫다고 했지. 그럼 너희가 정말로 원하는 것은 무엇일까? 맞아, 자신의 말에 공감해 주는 어른들의 진지한 태도야.

그래서 '너의 이야기를 들어줄게!' 활동에서는 일곱 가지의 자세와 태도를 중요하게 생각해. 앞에서 이야기했던 일곱 가지 원칙 기억하지? 자신을 믿고 이야기를 하는 사람에게 지켜야 할 예의와 태도 일곱 가지 말이야. 이 일곱 가지 원칙을 지키면서 이야기를 들어줄 때 많은 친구가 자신감과 자아존중감, 그리고 자기효능감과 회복탄력성이 높아졌다는 이야기를 했어. 그럼 이제 일곱 가지 원칙을 자세히 알아볼까?

하나. 그의 존귀함을 인정합니다.

친구의 존귀함을 인정한다는 것은 친구의 가치를 인정하고 존중한다는 의미야. 다시 말해 내가 특별한 존재이듯 친구도 특별한 존재라는 사실을 인정하고 들어주는 거야.

둘. 내 생각을 주장하지 않습니다.

우리는 친구의 이야기를 들어줄 때 자신의 생각이나 의견을 말하려는 습관이 있어. 하지만 '너의 이야기를 들어줄게!' 활동에서는 오롯이 친구의 이야기를 집중해서 들어주어야 해.

셋. 그의 옆자리에 앉습니다.

옆자리에 앉는다는 것은 친구가 힘들어하는 문제를 함께 나누고 가까이에서 도움이 되고 싶다는 무언의 의미야. 이러한 태도는 친밀감과 신뢰도를 높일 수 있어.

넷. 온 감각을 다해 듣습니다.

우리는 누군가의 이야기를 들을 때 귀로만 듣는다고 생각해. 하지만 청각뿐만 아니라 시각, 촉각 등의 모든 감각을 동원해서 듣겠다는 마음으로 친구의 말에 집중해야 해. 이러한 태도는 상대방과의 의사소통을 더 원활하게 만들어 줘.

다섯. 적절한 공감의 표현을 하며 듣습니다.

진심을 다해 듣는 것은 친구가 어떤 감정을 느끼는지 공감하며 듣는 것을 말해. 이때 눈을 맞추거나 고개를 끄덕이는 등의 비언어적 표현을 적절하게 사용하면, 말하는 친구는 마음이 열리고 더 깊은 이야기를 꺼내기도 해.

여섯. 절대 비밀을 보장합니다.

비밀 유지는 앞서 말했듯이 신뢰감을 형성하고 더 깊은 이야기로 안내해. 말하는 친구의 비밀을 지키겠다고 말해 줌으로써, 친구가 신뢰감을 갖고 누구에게도 말하지 않았던 힘든 문제를 이야기하게 해. 그리하여 친구의 정말 중요한 문제를 도울 수 있어.

일곱. 1초 1분의 기적을 실천합니다.

'너의 이야기를 들어줄게!' 활동을 하다 보면 친구를 마주 보고 이야기를 들어주는 것이 무척 힘든 친구들이 있어. 1초 1분의 기적은 그런 친구들을 위한 방법이야. 먼저 1초 동안 환하게 웃고, 1분 동안 친구의 얼굴을 마주 보고 고개를 끄덕이며 친구의 말에 집중하는 거지. 그러다 보면 어느새 오랜 시간 동안 경청하는 자신을 발견하게 될 거야.

✻ ✽

이 원칙들은 사소한 것 같아도 큰 힘을 갖고 있어. 한 친구의 말이야.

"샘, 저 사실 요즘 힘든 일이 많아서 죽고 싶었어요. 그런데 샘이 제 이야기를 집중해서 들어주고, 제가 어떤 이야기를 해도 모두 공감해 주셔서 너무나 힘이 되었어요."

일곱 가지 원칙을 지키며 진심으로 공감하면서 들으면 그 마음이 말하는 사람에게도 전해져. 자세와 태도가 중요한 이유지. 듣는 기술을 배우려고 하지 말고 이야기를 듣는 자세와 태도에 진심을 담아야 해. 거기에 일곱 가지 원칙까지 지키면 금상첨화지!

너의 이야기를 들어줄게 2:
비언어적
반응으로 듣기

공감하며 듣는 방법 모두 잘 기억하고 있지? 사실 공감하며 듣는 것은 어렵지 않을 수 있어. 잘 들어주고 이야기를 하는 친구의 마음에 공감한다는 거니까. 그런데 실제로 해보면 생각만큼 쉽지 않아. 세상 모든 것이 이론과 실제는 다르잖아. 머리로는 이해해도 몸으로 직접 해보면 어려운 경우가 많아. 따라서 친구의 이야기를 많이 들어주고, 내 이야기도 친구에게 많이 들려주면서 연습하는 과정이 필요해. 이제 두 번째 듣기 방법을 볼까?

✳ ✳

두 번째 방법은 비언어적 반응으로 듣기야.

비언어적 반응을 소개하기 전에 한 가지 질문을 할게. 혹시 수화가 무엇인지 아니? 맞아, 청각장애인들의 의사소통 수단이야. 손으로 표현하는 약속된 언어를 말하지. 아마 한 번쯤 수화로 말하는 청각장애인을 본 적이 있을 거야. 그 모습을 봤을 때 어땠어? 샘은 고등학교 때 처음으로 수화하는 모습을 보았는데 참 신기했어. 너무 신기해서 두 청각장애인이 수화로 말하는 모습을 몰래 유심히 관찰한 적도 있어. 손으로 다양한 모양을 만들면서 표정도 계속 바뀌고, 서로 고개를 끄덕이다 다시 좌우로 흔들면서 입도 바삐 움직였지.

그러다 수화가 궁금해졌어. 샘이 이 궁금증을 꾹꾹 참았을까? 하하하, 못 참지. 그래서 어른이 되고 수화를 배웠어. 수화를 배울 때 가장 먼저 자음과 모음을 익혀. 샘이 손가락으로 자음과 모음을 나타내는 방법을 알려 줄게. 잘 생각하면서 따라 해 봐.

ㄱ은 주먹을 쥔 상태에서 엄지손가락과 검지손가락만 편후에 검지손가락은 바닥을 향하게 해. 상대가 볼 때 ㄱ이 되도

록 하면 완성이야. 이렇게 모든 자음을 손가락의 모양으로 나타 낼 수 있어. 모음은 손가락의 위치나 움직임으로 나타내. 예를 들어, ㅏ는 주먹을 쥔 상태에서 검지손가락만 펴고 손가락 끝을 입가에 대는 모양으로 나타내지. 이렇게 자음과 모음을 합쳐서 연속으로 나열하면 자기 이름을 만들 수 있어.

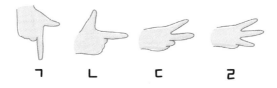

ㄱ   ㄴ   ㄷ   ㄹ

어때? 직접 보면 쉬운데 글로 이해하려니 좀 어렵지? 샘이 수화를 배운 지 한 달쯤 되었을 때 청각장애인과 대화를 하게 되었어. 사실 수화를 배운 지 얼마 안 돼서 형편없는 실력이었 지. 그런데 청각장애인들은 샘을 보고 수화를 잘한다고 칭찬해 주는 거야. 분명 샘은 수화를 못하는데 왜 잘한다고 했을까?

비밀은 바로 표정에 있었어. 샘은 수화 실력이 부족하니까 표정과 눈빛, 그리고 몸동작으로 감정을 전달했지. 오히려 수화 로 전달하는 것보다 훨씬 빠르고 이해하기 쉬웠나 봐. 표정만으로도 샘이 말하고 싶은 의미와 감정을 전달할 수 있다는 점이 신기하지 않니? 이것이 바로 비언어적 반응이야. 말 그대로 언어가 아닌 다른 요소들에 주목해 의사소통하는 거야.

상대방의 이야기를 들을 때 목소리, 표정, 자세, 몸동작 같은 것들을 유심히 보면 상대방의 감정과 상황을 이해하기 쉬워. 샘이 청각장애인과 대화할 때 표정으로 감정을 표현한 것처럼 비언어적 반응은 진심을 전달하는 데 아주 효과적이지.

* *

언젠가 한 가족이 서로 대화가 안 통한다며 샘을 찾아왔어. 샘은 대화가 안 통하는 이유가 무엇인지 알아보기로 했어. 엄마와 아들에게 평소처럼 대화해 보라고 했어. 그런데 서로 자기 이야기만 하는 거야. 대화는 서로 이야기를 주고받는 거니까 한 사람이 말하면 다른 사람이 듣고 그다음엔 반대로 해야 하잖아. 그런데 그들은 자기가 하고 싶은 말만 하더라고. 그래서 샘이 방법을 알려 주었어. 어떤 방법이었을까? 그래, 맞아. 비언어적 반응이었어. 한 사람이 말하면 듣는 사람은 비언어적 반응으로 표현해 보기로 한 거야.

"서로 어떤 이야기를 하더라도 무조건 밝은 표정으로 고개를 끄덕여 주기로 해요."

아들이 먼저 이야기를 시작했고 엄마는 약속대로 밝은 표정으로 고개를 끄덕이기 시작했어. 아들은 그런 엄마의 모습이 어색했는지 웃으면서 계속 이야기를 이어 갔지. 엄마는 계속 고개를 끄덕이며 이야기를 들어줬어. 그렇게 한참을 이야기하고 나서 아들에게 물었어.

"말하고 나니 기분이 어때?"

"샘, 어색해요. 그런데 기분은 좋아요."

아들이 웃으며 이야기했어.

"어색했구나. 그리고 기분이 좋았고. 그 마음을 좀 더 자세히 이야기해 줄 수 있겠니?"

"엄마가 이렇게 제 이야기를 들어준 적이 처음이에요. 그래서 어색했고요. 엄마가 웃으면서 계속 고개를 끄덕여 주니까 평소와 달라 보여서 처음에는 웃겼어요. 그런데 중간에 끊지 않고 계속 고개를 끄덕이며 들어주니까 제 속마음을 편하게 이야기할 수 있었어요. 그래서 기분이 좋았어요."

샘은 엄마가 이야기를 들어주어서 기분이 좋아졌으니 엄

마에게 고마움을 표현해 보라고 했어. 친구는 엄마에게 고마움을 표현했지.

"엄마, 제 이야기를 들어주어서 고마워요. 엄마 눈치를 보며 말한 이야기도 있었지만, 엄마가 밝은 표정으로 계속 고개를 끄덕이며 들어주니까 제 마음이 편했어요. 평소와 다르게 들어주셔서 진심으로 고마워요."

* *

아들이 엄마에게 고맙다고 말할 때도 엄마는 여전히 고개를 끄덕이며 환한 표정으로 들었어. 그래서 샘이 엄마에게도 정말 잘 들어주신다고 말씀드렸어. 평소 엄마의 모습이 어떤지 궁금해서 살짝 물어보았지.

"엄마는 평소에 대화할 때 어떤 모습이야?"

아들이 엄마 눈치를 살짝 보더니 웃으면서 이렇게 말했어.

"아까 보셨잖아요. 제가 말하면 엄마는 바로 잔소리를 해요. '다 너 위해서 하는 말이야' '새겨들어' '엄마니까 이런 이야기 해주지. 옆집 아줌마가 이런 이야기 해주니?' '너 그럴 줄 알았어'······ 모든 엄마가 하는 잔소리 있잖아요."

할 수 있어!
먼저 고개를 끄덕여 봐.

엄마는 하고 싶은 이야기가 많아 보였지만 그래도 웃으면서 고개를 끄덕였어. 그렇게 아들의 이야기를 마치고 반대로 아들도 엄마의 이야기에 고개를 끄덕이며 들어주었어. 엄마와 아들은 대화할 때 비언어적 반응이 얼마나 중요한지 깨닫게 됐지.

너희는 친구나 부모님, 선생님과 소통할 때 비언어적 반응을 얼마나 사용해? 만약 잘 사용하지 않는다면 지금부터라도 시도해 봐. 너희가 마음먹으면 자신감 뿜뿜이가 도와줄 거야.

＊＊

샘은 온몸으로 들어주는 비언어적 반응을 평소에 거울을 보며 자주 연습해. 어떤 것들을 연습하는지 소개할 테니까 너희도 친구들과 대화할 때 한번 사용해 봐.

첫 번째는 바로 표정이야.

표정은 감정을 얼굴 근육의 움직임으로 나타내는 거야. 감정을 전달하는 데 아주 효과적이지. 환한 미소, 눈살 찌푸리기, 눈 크게 뜨기 등 얼굴 근육으로 표현할 수 있는 표정은 아주 다양해. 갓난아이를 키우는 엄마들이 많이 사용하는 방법이야. 샘은 거울을 보며 다양한 표정을 지어 봐. 얼굴 근육을 어떻게 움직이면 감정이 표정에 잘 담길까 연구하지.

두 번째는 몸동작이야.

몸동작은 손, 팔, 어깨 등 온몸을 사용해서 표현하는 거야. 말로 표현하기 어려운 것을 전달할 때 아주 효과적이지. 영화를 보면 연기자들이 몸동작으로 실감 나는 장면을 만들잖아. 샘도 생생한 대화를 위해 통통 튀는 몸동작을 연습해. 다시 말해, 다른 사람에게 이야기한다고 생각하면서 큰 물체를 표현해 보거나 눈으로 무엇인가를 가리켜 보기도 하는 거지. 빨리 달려가는 사람을 표현해 보기도 하고.

세 번째는 태도야.

태도는 자세나 몸의 위치를 말해. 대화할 때 바른 자세는 기본이야. 말하는 상대방을 향해 몸을 돌려서 바라보는 건 상대방에게 관심을 보인다는 표현이거든. 그래서 일상생활에서도 항상 바르게 앉고 말하는 사람의 눈을 보려고 해.

네 번째는 목소리야.

사람은 목소리의 톤, 크기, 억양, 말하는 속도 등으로 감정이나 태도를 전달하지. 유치원 선생님들이 유치원생을 대할 때 높고 밝은 톤으로 말하잖아. 샘은 너희 또래의 청소년이나 부모님을 많이 만나. 그래서 부드러운 톤으로 천천히 말하거나 신나는 톤으로 밝게 말하는 연습을 많이 해.

마지막은 신체적 반응이야.

신체적 반응은 대화 상대의 말에 긍정적인 반응을 나타내는 비언어적 방법이야. 그때그때 박수 치기, 맞장구치기, 함께 웃어 주기 등이 있어. 이 반응은 대화가 원활하게 지속될 수 있도록 도와줘. 주변에 신체적 반응을 잘하는 친구가 있는지 생각해 봐. 아마 그 친구와는 대화가 더 잘 통한다고 느낄 거야.

이렇게 비언어적 반응은 대화할 때 상대방에게 다양한 감정을 아주 효과적으로 전달할 수 있어. 이제 가까운 친구에게 다가가 "너의 이야기를 들어줄게!"라고 말해 줘. 그리고 방금 소개한 비언어적 방법을 사용해서 들어줘. 어떤 반응이 나올지 궁금하지 않아? 내가 잘할 수 있는 방법을 사용해 보는 것부터 추천할게.

비언어적 반응으로 듣기 연습

- 거울을 보며 다양한 표정을 연습한다.
- 손, 팔, 어깨 등 온몸을 사용한 몸동작으로 말한다.
- 말하는 사람에게 몸을 돌려 눈을 바라보며 말한다.
- 목소리 톤, 크기, 억양, 말하는 속도를 조절해서 말한다.
- 박수 치기, 맞장구치기, 함께 웃어 주기 등의 신체적 반응을 보인다.

나의 듣기 수준은?

자, 그렇다면 너희의 듣기 수준은 어느 정도인지 궁금하지 않니? 평소에 너희는 친구들의 이야기를 잘 들어주는 편이야? 어떤지 잘 모르겠다고? 그러면 나의 듣기 수준이 어느 정도인지 알아볼까?

스티븐 코비Stephen Covey는《성공하는 사람들의 7가지 습관》이란 책에서 듣는 것을 다섯 단계로 표현했어. 무시하기, 듣는 척하기, 선택적 듣기, 귀 기울여 듣기, 공감적 경청이 그것이야. 무시하기는 그야말로 들으려고 하지 않는 것이지. 듣는 척하기는 듣는 시늉만 하고 실제로 듣지 않는 것이고, 선택적 듣기는 자신이 흥미 있는 부분만 듣는 거야. 귀 기울여 듣기는 상대방의 말에 관심을 기울이고 집중해서 듣는 것이지. 공감적 경청은 상대방의 말, 의도, 감정을 이해하고자 온 마음으로 듣고 대하는 거야.

샘은 여기에 더 높은 경청의 단계인 '낮은 무릎 경청'을 추가해서 소개하려고 해. 샘이 이 단계를 추가하게 된 이유가 있어. 바로 서울역에서 한 노숙자의 이야기를 들어주면서 놀라운 경험을 했기 때문이야. 그 이야기를 들려줄게.

✳✳

그날도 샘은 '너의 이야기를 들어줄게!' 피켓을 들고 서울역 어디쯤에 서 있었어. 그때 한 노숙자가 자신의 이야기를 들어달라고 말하는 거야. 그는 지저분한 바닥에 앉아 있었어. 샘은 기꺼이 그 지저분한 바닥에 철퍼덕 앉아서 그를 마주 보았어. 노숙자는 샘을 잠시 보더니 고개를 떨구고 몇 초 동안 가만히 있었어. 그의 눈을 보니 눈시울이 붉어졌더라고.

"젊은 양반, 내 이야기를 들어주겠다고 이 지저분한 바닥, 그것도 내 옆자리에 앉은 사람은 노숙 생활 4년 만에 당신이 처음이오."

그는 이야기를 시작했어. 그때 생각했어. 경청은 기술이나 지식보다 자세와 태도가 더욱 중요하다는 것을. 그리고 나 스스로를 돌아봤지. 나는 왜 나와 상관도 없는 저 노숙자의 이야기를 들어주려고 지저분한 바닥에 앉았을까? 그리고 문득 내가 왜 이 활동을 하고 있었는지를 생각했어. 바로 그것은 샘이 중요하게 여기는 가치 중 하나인 선한 영향력 때문이었어.

청소년들의 고민을 들어주려고 자신의 사비를 털어 '십대들의 쪽지'를 만든 분처럼, 내 것을 포기하고 타인을 먼저 생각하는 마음, 샘의 마음도 바로 그와 같다는 것을 깨닫게 되었지. 그것은 샘이 그리스도인으로서 성경에서 배운 삶의 가치이기도 해.

＊＊

이제 듣기의 단계를 구체적으로 살펴볼게. 나는 주로 어떻게 듣는지, 그리고 왜 그렇게 듣는지 생각해 봐. 샘의 이야기를 잘 따라오면 나의 듣기 습관을 알 수 있을 거야. 자신의 듣기 습관에 따라 간단한 훈련 방법도 소개해 볼게. 그럼 시작해 볼까?

첫 번째 단계는 무시하기야.

친구의 말을 듣기는 하지만 집중하지 않고 무시하는 것을 말해. 그런데 왜 친구가 이야기를 하는데 무시하는 걸까? 그 이유는 간단해. 친구의 말에 관심도 없고 이해하려는 마음도 없기 때문이야. 자신이 이 단계에 속한다면 친구가 말하는 단어를 기억하고, 그 단어를 이야기해 주는 연습을 하면 도움이 돼. 그렇게 하면 상대가 말하는 것에 관심을 갖게 되거든.

두 번째 단계는 듣는 척하기야.

친구가 보기에는 듣는 것처럼 보이지만, 실제로는 듣지 않고 듣는 척만 하는 거야. 친구의 말을 듣기는 했지만 무슨 내용인지 알지 못하는 것이지. '한 귀로 듣고 한 귀로 흘린다'라는 속담 알지? 딱 그렇게 듣는 거야. 보통 집에서 엄마가 말할 때 엄마 말에 고개는 끄덕이는데, 엄마가 무슨 말을 했는지 모르는 경우가 여기에 속해. 자신이 이 단계에 속한다면 실제로 들으려고 노력해야 해. 친구가 말할 때 눈을 맞추고 비언어적 반응을 하면 도움이 되지. 그리고 친구가 하는 말을 앵무새처럼 그대로 따라해 보는 거야. 그러다 보면 듣는 척에서 진짜로 마음을 읽는 경청으로 넘어가게 돼.

세 번째 단계는 선택적 듣기야.

친구가 말하는 것에서 자신이 듣고 싶은 내용만 듣고 이해하는 수준이야. 이런 사람은 친구가 말한 내용과 의도를 파악하지 않고, 자신의 생각에 빠져 상대방의 말도 왜곡할 수 있어. 매우 위험한 듣기 방법이지. 선택적 듣기를 하는 사람은 친구의 말에 궁금한 점이 있으면 적극적으로 질문하고 친구를 이해하려고 노력해야 해.

네 번째 단계는 귀 기울여 듣기야.

친구가 말하는 내용을 집중해서 듣고 이해하려는 수준을 말해. 당연히 친구가 하는 말을 잘 이해해. 여기에 속하는 친구는 다양한 의견을 수용하는 능력이 있어. 설령 자신과 다른 의견이 있더라도 이를 수용하고 존중하려는 마음이 커. 나아가 친구의 비언어적 반응을 파악하면 상대방이 어떤 기분인지 쉽게 파악하지.

다섯 번째 단계는 공감적 경청이야.

친구의 말을 깊이 공감하며 들어서 친구의 감정과 말하는 의도를 파악하는 능력이 뛰어나. 보통 주변에 자신의 이야기를 잘 들어주는 사람이 있는 친구들이 공감적 경청을 해. 사랑을 받은 아이가 다시 사랑을 주는 것처럼 말이야. 그러니까 친구의 감정을 이해하는 공감적 경청을 키우고 싶으면, 평소에 자신의 감정을 더욱 잘 이해하고 표현하는 연습을 하는 것도 좋아.

여섯 번째 단계는 낮은 무릎 경청이야.

이 방법은 상대방의 말에 깊이 공감하는 차원을 넘어 친구의 모든 것과 오롯이 함께하는 거야. 나의 생각이나 판단을 내려놓고 친구가 어떤 상황이나 환경에 놓여 있더라도 기꺼이 함께하며 듣는 것이지. 친구가 지저분한 바닥에 앉아 있더라도 기꺼이 함께 앉아서 들을 수 있어야 해. 설령 그보다 더 좋은 환경

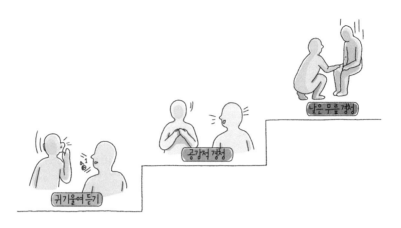

에 있더라도 친구의 옆자리에 함께 앉을 수 있는 마음과 태도가 중요해. 그리고 내 생각을 주장하기보다 친구의 입장에서 듣는 것, 즉 낮은 무릎 경청은 나보다 상대방을 존중하는 거야. 친구의 의견이 나와 다르다고 해도 절대 표현하지 않아. 때로는 친구의 입장에서 이런 말을 해주는 것도 도움이 돼.

"그럴 수도 있겠다."

"너의 입장에서 그런 생각이 들었을 수도 있겠다."

낮은 무릎 경청을 해주면 상대방이 자기 자신이 얼마나 소중하고 존중받는 사람인지를 경험하게 돼.

다섯 번째 단계인 공감적 경청과 여섯 번째 단계인 낮은 무릎 경청을 하는 친구는 학교에서 또래 상담가로 활동하는 것을 추천하고 싶어.

샘이 한 학교에 자살 예방 교육을 하러 간 적이 있어. 한 주 전에 자살한 친구가 있는 반이었어. 당연히 반 분위기는 어두웠어. 친구들이 조심스럽게 하는 이야기를 들어 보니 그 친구는 과도한 학업 스트레스와 부모님의 높은 기대에서 오는 부담감 때문에 자살을 했다고 했어. 마음이 너무 아팠지.

수업을 마치고 상담실에 갔는데, 한 친구가 다른 학생에게 질문하고 이야기를 들어주는 일을 반복하고 있는 것을 보았어. 상담 선생님이 그 친구가 또래 상담가라고 얘기해 주셨어. 그 학생이 평소에 공감적 경청을 잘하는 친구라고 하더라고.

학교마다 또래 상담가가 있어. 또래 상담가는 아무래도 너희와 같은 또래니까 샘들은 모르는 너희의 마음을 더 잘 알고 공감할 수 있는 장점이 있어. 너희도 또래 상담가로 활동하면 좋지 않을까? 사람은 다른 사람의 모습을 보고 무언가 깨닫기도 해. 내가 이야기를 들어주는 친구의 모습이 나의 거울일 수도 있어. 친구에게 힘을 주고 무언가를 배울 수도 있는 또래 상담가 활동도 한번 해봐. 그럼, 듣기 단계와 훈련 방법을 한눈에 알기 쉽게 다시 한번 정리해 볼게.

무시하기 단계

친구가 말하는 단어를 기억하고,
그 단어를 이야기해 주는 연습하기

듣는 척하기 단계

실제로 들으려고 노력하기. 친구가 하는 말을
앵무새처럼 그대로 따라해 보기

선택적 듣기 단계

친구의 말에 궁금한 점이 있으면 적극적으로 질문하고
상대방을 이해하려고 노력하기

귀 기울여 듣기 단계

상대방의 말에 공감하고 이해하는 능력이 크므로
친구의 비언어적 반응을 보며 친구의 기분을 파악해 보기

공감적 경청 단계

보통 자신의 이야기를 잘 들어주는 사람이 공감적 경청도 잘하므로,

친구의 감정을 더욱 잘 이해하려면

평소에 자신의 감정을 잘 표현하는 연습을 해보기

낮은 무릎 경청 단계

내 생각을 주장하기보다 친구의 입장에서 듣기.

설령 나와 의견이 다르다고 해도 절대 표현하지 않기

111 들어주기

한번은 300여 명의 친구들과 '너의 이야기를 들어줄게!' 활동을 하게 되었어. 처음에 '생명의 다리' 이야기로 시작해서 내가 듣고 싶은 말을 적어 피켓도 만들고, 이제 서로의 이야기를 들어주는 시간이 되었어. 모두 저마다 피켓을 들고, 말하는 친구의 이야기에 열심히 귀를 기울였지.

그런데 친구의 이야기 들어주는 것을 어려워하는 친구들이 중간중간 보이는 거야. 샘이 그중 한 친구에게 다가가서 물어보았어.

"도움이 필요하니?"

그 친구는 난감한 표정으로 두리번거리며 샘을 바라봤어. 샘이 다시 물었어.

"혹시 친구 이야기를 들어주는 것이 어려워?"

그제야 친구가 고개를 끄덕였어. 샘은 다른 친구들에게도 물어보았어.

"혹시 친구 이야기를 들어주는 게 힘든 친구가 있니?"

그러자 적지 않은 친구들이 손을 들었어. 그중에는 모르는 친구의 이야기를 들어주는 것이 처음이라 낯설어서 그렇다는 친구도 있었고, 이야기를 들어주는 자체가 힘들다는 친구도 있었어. 샘은 곰곰이 생각했어.

'아하, 이야기를 들어주는 연습도 필요하구나!'

그래서 생각한 방법이 있어. 어떤 방법인지 이야기해 볼게.

* *

한 사람을 20분 이상 바라보며 이야기한 적이 있어? 아마 거의 없을 거야. 그 시간 동안 친구의 이야기에 적절한 대응을 하며 들어주기는 거의 불가능하다고 생각하는 친구도 있을 거고. 상대방을 바라보는 시간이 20분이 아니라 단 5분, 아니 1분도 힘든 친구도 있지.

하지만 샘이 지금 말하는 방법으로 연습하면 누구나 상대방의 이야기를 잘 들어줄 수 있어. 바로 '1 1 1 들어주기'야. 숫자가 나오니 알쏭달쏭 암호 같지만 의미를 알면 금세 이해하게 될 거야. '1 1 1'은 1초, 1분, 1시간을 뜻하거든.

첫 번째는 1초 웃기야.

상대방을 바라보며 1초 동안 환하게 웃는 거야. '웃는 얼굴에 침 못 뱉는다'는 속담이 있어. 웃는 얼굴은 바라보는 상대의 마음을 편하게 만들지. 다시 말해 웃기만 해도 상대의 마음을 안정시켜 줘. 상대방을 마주 보기가 어려우면 먼저 거울을 보고 환하게 웃는 연습을 해봐. 그러면 어느덧 낯선 친구에게도 1초 정도는 아무렇지 않게 웃을 수 있어. 웃는 사람에게는 누구나 마음이 열리기 마련이야.

두 번째는 1분 듣기야.

1초 환하게 웃고 1분 동안 고개를 끄덕이며 들어주는 거야. 1분이라는 의미가 무엇인지 궁금하지? '상대방이 무슨 이야기를 하더라도 눈을 마주하고, 환하게 웃는 모습으로 1분 동안은 무조건 이야기를 들어준다'라는 뜻이야. 처음에는 무척 낯설 수 있어. 우선은 편한 친구와 얼굴을 마주 보고 서로 자연스럽게 웃으며 고개를 끄덕이는 연습부터 해봐.

이때 중요한 것은 무조건 수용하고 공감해 줘야 한다는 거야. 눈을 맞추고 고개를 끄덕이며 "아하~" "음!" 같은 표현도 하고. 어때? 물론 결코 쉬운 일이 아니야. 하지만 계속 노력하다 보면 어느 순간 진지한 이야기를 들을 때도 고개를 끄덕이고 있는 자신을 발견하게 될 거야. 그렇게 친구를 마주 보고 1초 동안 환하게 웃고, 1분 동안 고개를 끄덕이는 자신의 모습에 스스로 뿌듯해질 거야. 처음에는 어색해도 하다 보면 의외로 재미있고 별것 아니야. 이걸 꼭 기억해!

세 번째는 1시간 듣기야.

1시간은 어떤 의미일까? 샘이 길거리에서 '너의 이야기를 들어줄게!' 활동을 할 때는 2시간 동안 들어주기도 해. 샘과 함께 이 활동을 하는 분들이 가끔 물어봐.

"어떻게 2시간이나 들어줄 수 있어요? 힘들지 않으세요?"

맞아, 한 사람의 이야기를 2시간 동안 들어주기란 쉬운 일이 아니야. 그런데 연습을 하니까 그것도 가능하더라고. 그래서 세 번째 단계가 상대방을 바라보고 1시간 동안 들어주기에 도전하는 거야. 물론 어렵지만 작정하고 하면 할 수 있어. 모든 게 마음먹기에 달려 있다고 하잖아. '오늘은 꼼짝없이 1시간을 들어주자' 하고 마음먹으면 마음의 속도도 1시간에 맞춰져서 길다고 느껴지지 않아. 내가 이야기를 들어주는 것이 한 사람의 생명을 살릴 만큼 힘을 줄 수 있다는 사실을 꼭 기억해. 1 1 1들어주기를 연습하면 반드시 할 수 있어.

사실 사람들이 경청을 잘 못하는 이유가 있어. 누군가의 이야기를 들어줄 때 자기가 들은 내용을 자기 입장에서 생각하는 경우가 많기 때문이야. 1 1 1들어주기에서는 오로지 말하는 친구에게만 집중해야 해. 그러면 나를 믿고 이야기를 한 친구는 정말 행복하고 기쁜 경험을 하고, 마음의 안정을 찾게 될 거야.

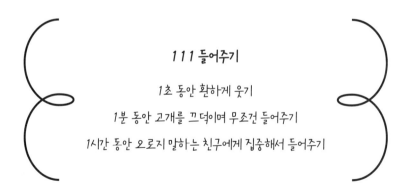

1 1 1 들어주기
1초 동안 환하게 웃기
1분 동안 고개를 끄덕이며 무조건 들어주기
1시간 동안 오로지 말하는 친구에게 집중해서 들어주기

내 마음의 창으로
세상 바라보기

지금 우리가 사는 세상이 어떤 것 같아? 아름답다고 생각하는 사람도 있고, 외롭고 힘든 곳이라고 느끼는 사람도 있을 거야. 우린 같은 세상에 살고 있지만 그 속에서 느끼는 것은 제각기 달라. 예를 들어 아침에 잠에서 깨어 태양을 보고 누군가는 희망찬 태양이라고 하고, 누군가는 '또 지겨운 하루가 시작되었군!'이라고 하겠지. 왜 그럴까? 내 마음의 창으로 세상을 보기 때문이야. 내 마음이 어떤가에 따라 세상은 아름답기도 하고, 외롭고 힘든 곳이기도 해. 너희는 어떤 마음의 창을 가지고 있어?

**　＊　＊**

　사람들에게 물고기를 그려 보라고 하면 대부분 옆모습을 그린대. "물고기의 옆모습을 그려 보세요"라고 말하지 않았는데도 대부분 옆모습을 그리는 이유가 궁금하지 않니?

　조금 어려운 말일 수도 있는데 사람은 시각뿐만 아니라 다양한 감각으로 새로운 사물을 받아들이기 때문이라고 해. 뇌에서 그 사물을 파악하려고 온 감각을 동원한다는 거야. 그런데 우리 뇌는 그 사물을 알아내는 데 최적화된 정보를 사용해. 다시 말해 가장 쉽고 빠르게 이해할 수 있는 정보만 추려서 보는 거지.

　자, 다시 물고기 이야기로 돌아갈게.

　물고기를 한 번도 본 적이 없는 사람에게 물고기를 어떻게 설명할 수 있을까? 그렇지. 말로 설명하는 방법이 있지. 그것보다 더 효과적인 방법은 그림으로 그려서 설명하는 거야. 그런데 물고기 그림의 머리 쪽에서 보는 앞면이나 꼬리 쪽에서 보는 뒷면, 등과 배에서 보는 윗면과 아랫면이 있겠지만, 물고기를 가장 이해하기 쉬운 방향은 옆면이겠지. 바로 그거야. 우리 뇌는 짧은 시간 안에 물고기를 가장 빨리 알아차릴 수 있는 옆면을 먼저 본다는 거지. 하지만 그 대가로 다른 면을 못 보게 되는 오류도 발생해. 그래서 고정관념이나 편견에 빠지기도 하지.

앞면   뒷면

윗면   옆면

✳ ✳

  어른이 된다는 것은 어찌 보면 고정관념이나 편견이 많아지는 과정이기도 해. 내가 나를 모두 안다고 생각하지만 사실은 그렇지 않아. 우리는 자라면서 더 많은 경험을 하게 되지. 어떤 친구는 내가 알고 있는 것이 모두 옳다고 생각하기도 해.

  자, 다음 그림을 한번 볼래? 두 직선 중에서 어느 것이 더 길까?

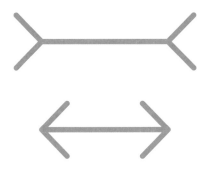

그치, 위의 직선이 훨씬 길어 보이지. 그런데 놀라지 마. 사실 두 직선의 길이는 똑같아. 자로 길이를 재봐. 우리는 착각하는 게 많아. 착각하는 이유를 과학적으로 설명하면 이래.

우선 우리 눈으로 들어온 빛은 시신경을 타고 뇌 뒤쪽 시각피질로 전달돼. 뇌는 망막에 맺힌 상을 재해석하는데, 이때 다양한 이유로 실제 모습과 다르게 인식할 경우 착시 현상이 생겨. 즉, 착시 현상은 처음부터 사물의 정보를 잘못 받아들이는 게 아니라, 본 것을 뇌에서 처리할 때 생기는 뇌의 착각이야.

그런데도 우리는 자신이 본 것이 진실인 것처럼 목소리 높여 얘기하곤 하지. 얼마나 위험하고 어리석은 인간의 착각이야. 늘 우리가 보고 있는 것에는 이면이 있을 수 있다는 걸 기억해.

＊＊

　　고정관념과 편견은 이렇게 사물에 적용되기도 하지만 사람에 적용되기도 해. 내가 아는 모습으로만 다른 사람을 판단하려고 할 때 그 사람에 대한 편견을 갖게 돼. 더 나쁜 경우에는 '나는 원래 이런 아이야'라고 스스로를 규정짓고 자신에 대한 고정관념을 갖게 될 수도 있어. 그래서 자신을 깊이 이해하는 것이 매우 중요해.

　　심리학 이론 중에 '조하리의 창'이라는 게 있어. 내가 다른 사람과의 관계 속에서 어떤 모습을 보이는지, 어떤 부분은 바꾸면 좋을지 파악하는 데 유용한 이론이지. 내가 아는 나의 모습과 다른 사람이 아는 나의 모습을 비교해서 나 자신을 더 정확히 알 수 있어. 다른 사람과 좋은 관계를 유지하려면 어떤 노력을 하면 좋을지도 생각해 볼 수 있고. 너희도 궁금하다고? 알겠어. 차근차근 이야기할 테니 잘 들어 봐. 이해하기 쉽게 다음 그림을 보자.

　　4개의 창이 있어. 먼저 '열린 창'은 나도 알고 다른 사람도 아는 나의 모습을 말해. 다음으로 '보이지 않는 창'은 나는 모르지만 다른 사람은 아는 나의 모습을 말하지. 이 창을 보면 나를

되돌아볼 수 있어. 모르던 나의 모습을 알게 되어 더 깊이 나를 이해할 수도 있고, 이 창에 있는 나의 모습이 부정적인 것이라면 바꾸려고 노력할 수도 있지. '숨겨진 창'은 나는 알지만 다른 사람은 모르는 나의 모습이야. 이 경우 내 모습을 다른 사람에게 조금씩 조금씩 더 보여 주면 서로를 더 깊이 알 수 있어. 물론어떤 모습을 보여 줄지는 너희의 선택이야. 그리고 나도 모르고

다른 사람도 모르는 '미지의 창'은 가능성이라고 이해하면 돼. 아직은 나타나지 않았지만 앞으로 나타날 수도 있는 모습이지.

교실에서 친구들과 함께 조하리의 창 활동을 할 수도 있어. 사람의 성향을 나타내는 단어 50개로 카드를 만들어. 각자 그 50개의 단어 카드를 갖고 친구들과 둘러앉아. 그리고 어떤 친구부터 알아볼지 순서를 정해. 순서를 정했으면 첫 번째로 알아볼 친구의 성향이라고 생각되는 카드를 골라. 그 카드들을 모아서 나와 친구가 뽑은 게 겹치면 열린 창으로, 나는 뽑지 않았는데 친구가 뽑은 카드는 보이지 않는 창으로, 나는 뽑았는데 친구는 뽑지 않은 카드는 숨겨진 창으로, 나와 친구 모두 뽑지 않은 카드는 미지의 창으로 나누는 거지.

이 활동을 하면서 자신과 친구를 더 깊이 이해한다면 좋겠지? 이렇게 알게 된 모습을 잘 가꾼다면 친구들과도 더 좋은 관계를 맺을 수 있을 거야. 우리말에 '알고 보면'이라는 말이 있잖아. '함부로 판단하지 않는다'는 좋은 뜻을 지닌 말이야. 친구들도 마찬가지로 알고 보면 훨씬 더 가까이 다가갈 수 있을 거야.

Part 4
피켓으로 말해요!

'피켓으로 말해요' 준비하기

'너의 이야기를 들어줄게!'는 피켓에 자신이 듣고 싶은 말을 적는 '피켓으로 말해요', 두 명씩 짝을 지어 서로의 이야기를 들어주는 활동으로 구성되어 있어. '피켓으로 말해요'는 너희의 속마음을 함께 나누는 중요한 활동이야. 이 활동을 하면서 너희를 정말 많이 이해하게 되었어. 샘은 지난 7년 동안 '너의 이야기를 들어줄게!' 활동을 하면서 너희가 듣고 싶은 말을 적은 피켓을 버리지 않고 소중하게 차곡차곡 모았어. 그 피켓을 보면서 너희가 간절히 원하는 마음이 무엇인지 들여다보았지.

겉으로 보기에는 씩씩해 보여도 존중과 응원이 필요한 친구가 많다는 것을 알았어. 자신감 뿜뿜이, 자아존중감 포옹이, 자기효능감 든든이, 그리고 회복탄력성 콩콩이와 정말 친해지고 싶은 마음도 알게 되었지. 너희가 가장 듣고 싶어 했던 마음의 소리를!

＊ ✱

이젠 '피켓으로 말해요'의 구체적인 준비 방법을 함께 알아볼까?

준비물: 골판지, 펜

준비물은 간단하지? 만드는 방법 또한 쉬워. 골판지는 주변에 있는 박스 안쪽 면을 필요한 사이즈로 잘라서 쓰면 돼. 집에 온 택배 박스 중에 마음에 드는 것을 골라서 반듯하게 자르는 거지. 샘은 수업할 때 골판지가 많이 필요해서 골판지를 사서 쓰기도 해. 너희도 필요하다면 골판지를 구입해서 쓸 수도 있어. 그리고 펜은 일반 문구점에서 파는 것을 쓰면 되는데, 색깔을 다양하게 사용할수록 더욱 예쁜 피켓이 나오겠지? 다양한 굵기의 펜을 준비해도 좋아. 강조하고 싶은 부분은 굵은 펜으로 적고 보조 내용은 얇은 펜으로 적는 거야.

✳ ✳

'피켓으로 말해요' 첫 번째 단계는 내가 듣고 싶은 말을 생각해 보는 거야.

"너희가 힘들 때 누군가에게 듣고 싶은 말이 있었니? 그리고 힘이 되는 말은 어떤 말이었어?"

샘이 이런 질문을 하면 처음에는 웅성거려. 분명 듣고 싶었던 말이 있었을 텐데, 이 질문 자체가 무척이나 어색한 거지. 그러면 샘은 너희의 눈을 바라보며 다시 이야기해.

"이런 질문을 처음 받아서 어색한 친구들이 많지? 괜찮아, 천천히 너희가 가장 힘들었던 순간, 억울했던 순간을 떠올려 봐. 그때 어떤 말이 듣고 싶었어? 아마 거창한 말은 아니었을 거야. 그저 위로와 격려를 담은 한마디면 충분하다고 생각했겠지. 친구나 선생님, 부모님, 주변 사람들에게 정말 듣고 싶은 말은 무엇이었는지, 누군가에게 들으면 힘이 날 것 같은 그 한마디는 무엇인지 생각해 보자."

그제야 교실 분위기는 다시 차분해지고 친구들은 곰곰이 생각에 잠기지.

두 번째 단계는 너희가 듣고 싶은 말, 들으면 힘이 날 것 같은 말이 생각났다면 이제 피켓에 적는 거야. 피켓에 그 말을 적으면서 스스로에게 말해 주는 것도 좋아. 과거의 나를 토닥이며 말해도 좋고, 지금의 나를 응원하는 마음으로 말해도 좋아.

세 번째 단계는 피켓 꾸미기야. 내가 쓴 말과 어울리는 그림을 그려도 되고 글자를 색칠해도 돼. 강조하고 싶은 부분에 다양한 펜으로 힘을 주어 꾸밀 수도 있지. 자유롭게 꾸며 봐. 샘은 너희가 기발한 방법으로 피켓을 꾸미는 모습을 보고 깜짝 놀랄 때가 한두 번이 아니야. 피켓을 꾸미며 이렇게 말하는 샘의 목소리를 떠올려 봐!

"너희가 듣고 싶은 말이 이렇게 많구나. 언제 그 말을 듣고 싶은지 샘도 정말 궁금하다."

학교에서 이 활동을 할 때 샘은 너희가 피켓을 어떻게 꾸미는지, 어떤 말을 적었는지 죽 훑어봐. 그런데 어떤 친구는 피켓을 감추기도 해. 다른 친구들에게 보여 주고 싶지 않아서 그럴 수도 있어. 그런 친구들에게는 이렇게 말해 줘.

"괜찮아, 보여 주고 싶지 않은 마음 충분히 이해해!"

그러면 긴장을 풀고 편안한 마음으로 피켓을 꾸미지. 그 말 자체가 마음을 편안하게 만들었나 봐. 그동안 너희가 꾸민 피켓들을 볼까?

'피켓으로 말해요' 순서

1단계: 내가 듣고 싶은 말 떠올리기

2단계: 내가 듣고 싶은 말,

들으면 힘이 날 것 같은 말을 피켓에 적기

3단계: 피켓 꾸미기

괜찮아?
괜찮아!

　'너의 이야기를 들어줄게!' 활동은 전국의 학교와 청소년 단체 등에서 진행되었어. 샘은 이 활동을 하면서 '괜찮아'라는 말을 듣고 싶어 하는 친구가 무척 많다는 것에 깜짝 놀랐어. 이 말이 주는 의미가 무엇인지 너희의 이야기를 들으면서 알게 되었어. 주변에서는 너희의 말이나 행동을 지적하거나 비난하고, 마음대로 판단하고, 어떨 때는 잘못이라고 단정하기도 해.

　이런 부정적인 상황에 놓이면 마음속에 분노, 불안, 스트레스 같은 것이 생기고 우울감도 겪게 되거든. 우리 마음속에 자신감 뿜뿜이가 사라지게 되지. '그래, 난 정말 못하는 아이야. 난 실수투성이야. 난 할 수 있는 게 아무것도 없어'라고 스스로를 비난하거나 자신감을 잃게 돼. 너희의 이런 모습을 보면 정말 마음이 아파. 이때 너희에게 필요한 것이 너희를 인정해 주는 말이라는 사실을 알게 되었어. 그리고 '괜찮아'라는 한마디가 너희에게 얼마나 엄청난 말인지 깨달았어. 너희에게 다시 일어설 수 있는 자신감을 주는 마법의 말이라는 사실을.

* *

청소년기는 끊임없이 도전하고 때론 실패를 경험하는 시기야. 이 과정에서 자아정체성과 자아존중감을 형성하게 되지. 너희 또래에 꼭 경험해야 하는 것을 '발달 과업'이라고 하는데, 여기서 가장 중요한 것이 자아정체성의 형성이야. 실패와 실수는 누구나 경험해. 그런데 실패했을 때 어떻게 대응하는지가 자아정체성과 자아존중감 형성에 영향을 미쳐. 실패를 극복하는 과정에서 너희가 성장하는 거지. '괜찮아'라는 말은 너희가 자신의 역량과 가능성을 믿게 해줘. 실패와 어려움을 극복할 수 있는 자신감 뿜뿜이도 생기지.

혹시 '괜찮아'라는 말을 들어도 자신감 뿜뿜이의 힘이 느껴지지 않을 때가 있니? 그럴 땐 혼자서도 자신감을 높일 수 있는 간단한 방법이 있어. 가슴을 쫙 펴는 거야. 그럼 축 처져 있던 어깨가 펴지고 고개는 정면을 향하지. 가슴을 폈을 뿐인데 한결 당당한 자세가 돼. 이 자세로 자신의 의견을 말해 봐. 그럼 평소보다 더 자신 있게 말하는 너희의 모습을 볼 수 있을 거야.

더 나아가서 눈 마주치는 연습을 해봐. 다른 사람과 눈을 맞추는 게 힘들다면 우선 거울 속 자신의 눈을 보며 말하는 거야. 이 연습을 충분히 했다면 동생이나 친구처럼 편한 상대의 눈을 보며 말하는 연습을 해. 그럼 자신감을 키울 수 있어.

샘은 자세가 사람을 만든다고 생각해. 상상해 봐. 처진 어깨와 고개 숙인 모습으로 의견을 말하는 것과 가슴을 펴고 당당하게 의견을 말하는 모습은 많이 다르지 않니? 작은 노력으로도 자신감을 키울 수 있다는 사실을 알았으니 함께 노력해 보자. 그럼, 친구들이 만든 피켓을 같이 한번 보자. 피켓을 보면 때로는 공감을, 때로는 '나만 그런 게 아니었구나!' 하는 안도의 한숨을, 때로는 내가 무엇이라도 도와주고 싶은 마음이 들기도 할 거야.

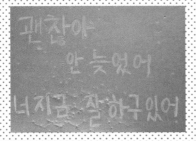

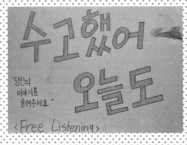

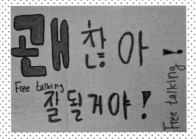

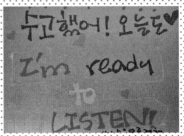

실수 해도 괜찮아

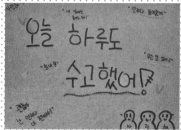

오늘 하루도 수고했어

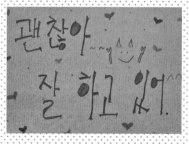

괜찮아~~ 잘 하고 있어.

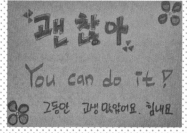

괜찮아. You can do it? 그동안 고생 많았어요. 힘내요

인생이 다 그런거야

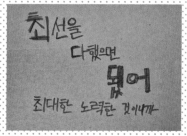

최선을 다했으면 됐어 최대한 노력한 것이니까

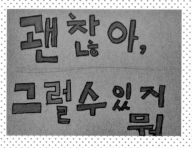

괜찮아, 그럴수있지 뭐

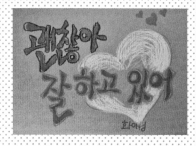

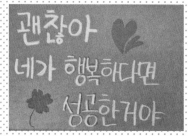

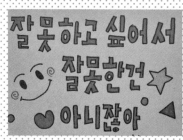

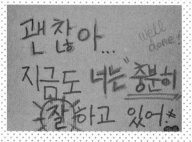

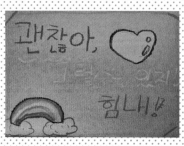

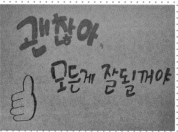

넌 정말 소중해!

누군가에게서 '넌 정말 소중해!'라는 말을 들으면 자신이 인정받고 사랑받는다는 느낌을 받을 거야. 너희처럼 자아정체성을 형성하는 지금 시기에 정말 중요한 말이지. 너희는 지금 자기 자신이 누구이며 어디로 가고 싶은지를 탐색하는 시기를 보내고 있어. 이때 주변 사람들에게 너희가 소중한 존재라는 말을 들으면, 너희의 가치를 인정받는 느낌을 받아서 자신을 존중하게 되지. 이때 자아존중감 포옹이가 마음속에서 살아나. 자신감 뿜뿜이는 덤으로 따라오지. 당연히 자신에 대한 긍정적인 인식을 갖게 되고 마음의 성장에도 긍정적인 영향을 미치게 돼.

또한 주변 사람들과도 더 긍정적이고 건강한 관계를 맺을 수 있어. 마음의 상처가 치유되는 놀라운 효과도 있어. 말 한마디가 갖는 힘이 정말 크다는 게 느껴지지?

공부 때문에 스트레스를 받는 친구에게 '넌 정말 소중해!'라는 피켓을 전해 준 친구가 있었어. 그 피켓을 받은 친구의 소감이 아주 인상적이었어. 너희에게도 소개할게.

"요즘 들어 공부가 너무 힘들어 공부를 경멸하고 있었어요. 중학교 때는 꽤 열심히 했는데도요. 고등학교 첫 시험을 너무 망쳐서 낙담하고 내가 늘 생각하던 꿈조차 거의 포기하려 했지요. 주변에서는 '포기하지 마'라고 말해 주었지만, 이 말조차도 '그냥 공부나 해'라는 말로밖에 들리지 않았어요. 어느 날, 늦잠을 자서 학교에 늦었어요. 그날 집을 나설 때 엄마가 '똑바로 안 하고 다녀?'라고 혼내셨는데, 그때는 정말 모든 걸 놔버리고 싶더라고요. 그런데 친구가 준 '넌 정말 소중해!'라는 피켓을 보자 '그래, 다시 한번 해보자'라는 생각이 들었어요."

＊＊

피켓에 '나는 소중해. 나를 사랑해'라고 적은 친구가 있었어. 그 친구와 대화를 나눠 보니 주변에서 '넌 정말 소중해!'라는 말을 많이 듣고 자란 친구였어. 자기 자신에 대해 긍정적인 자아상을 자신 있게 표현하는 모습에서도 그게 느껴졌지.

자아존중감 포옹이와 함께할 때 다른 사람에게 따뜻한 말을 듣는 것보다 더 중요한 게 있어. 바로 자기 자신을 사랑하는 거야. 그 방법을 모르는 친구들을 위해 샘이 쉬운 방법을 알려 줄게.

먼저 나를 위한 마인드맵을 그려 봐. 종이 한가운데에 자기 이름을 적고 왼쪽에는 내가 좋아하는 것을, 오른쪽에는 내가 싫어하는 것을 하나씩 적어 보는 거야. 생각이 안 나면 치워 뒀다가 나중에 떠올랐을 때 다시 꺼내서 적어 봐.

마인드맵이 어느 정도 채워지면 일주일 중에서 비교적 여유로운 요일을 정해. 그날 내가 좋아한다고 적은 것들을 하나씩 해보는 거야. 산책을 하거나 음악을 들을 수도 있고, 달콤한 간식을 먹어도 돼. 오로지 나를 위한 시간을 나에게 선물하는 거지. 내가 나를 소중히 여기며 행복한 시간을 만들면 자아존중감 포옹이가 너희의 마음을 따스하게 채워 줄 거야.

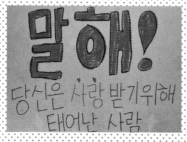

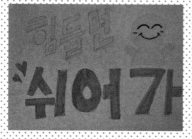

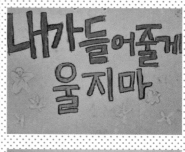

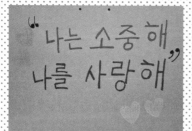

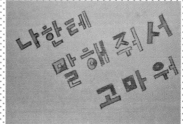

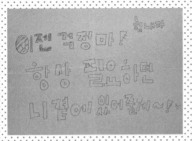

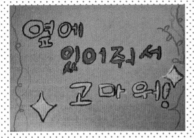

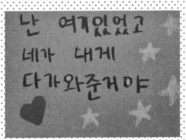

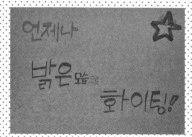

언제나 밝은 모습으로 화이팅!

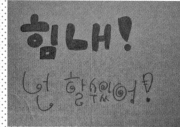

힘내! 넌 할수있어!

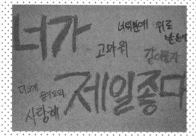

너가 너덕분에 위로 받는데 고마워 같이울자 더크게 울어도되 제일좋다 사랑해

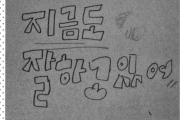

지금도 잘하고있어!!

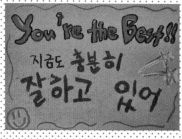

You're the Best!! 지금도 충분히 잘하고 있어

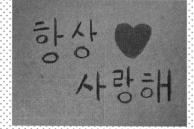

항상 ♥ 사랑해

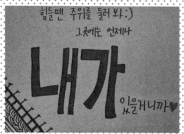

힘들땐 주위를 둘러 봐:) 그곳에는 언제나 내가 있을거니까♥

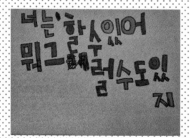

너는 할수있어 뭐그렇게 해럴수도있 지

내가 옆에 있어 줄게!

이 말은 참 의외였어. '난 항상 네 편' '네가 힘들 땐 언제 어디서든지' 이런 말들을 듣고 싶은 너희의 마음이 느껴져. 이 말들을 합치면 '내가 옆에 있어 줄게!'라는 말이더라고. 왜 이 말을 듣고 싶어 했을까? 너희 또래는 아무래도 자아정체성이 아직 제대로 확립되지 않은 만큼 혼자 해결하기 어려운 일이 많을 거야. '내가 옆에 있어 줄게!'라는 말은 너희가 혼자가 아니라는 것을 느끼게 하고, 내 문제를 함께 해결해 줄 친구가 있다는 믿음을 주는 말이야.

이 말은 힘들 때 위로가 되기도 하고, 나를 지지해 주는 버

팀목 같은 역할을 하기도 해. 내가 힘들 때 누군가 옆에 있어 주기만 해도 큰 힘을 얻지. '난 나를 믿어, 나는 해낼 거야, 난 충분히 할 수 있어'라는 각오를 갖게 만들어서 이전보다 더 나은 방향으로 나아갈 수 있게 해.

'내가 옆에 있어 줄게!'라는 말을 들으면 자기효능감 든든이가 쑥쑥 커져. 그럼 혼자서 든든이에게 힘을 줄 방법은 없을까? 당연히 있어. 바로 행복 저금통을 만드는 거야. 준비물은 딱 하나! 빈 통만 있으면 돼. 저금통도 좋고 빈 상자나 유리병도 좋아. 거기에 오늘부터 즐거웠던 순간, 뿌듯했던 순간, 내가 이룬 작은 성공 등을 적어서 넣는 거야.

하루하루가 똑같아서 그런 게 없다고? 아닐 걸! 학교 가는 버스에서 편히 앉아 간 게 좋았을 수도 있고, 햇살이 좋아 잠깐 걸은 시간이 행복했을 수도 있어. 아주 소소한 행복이어도 좋으니 저금통에 차곡차곡 모아 봐. 그러다 힘든 날에는 저금통을 열어 하나씩 읽어 보는 거지. 그러면 힘든 날에도 저금통에 넣을 추억이 하나 생길 거야. '내가 적었던 소소한 행복들이 오늘의 힘든 나를 위로해 주었다'라고. 이렇게 행복 저금통을 채우면 자기효능감 든든이도 힘을 낼 거야.

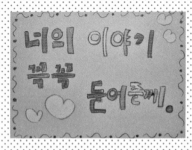

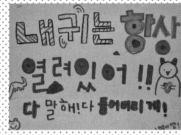

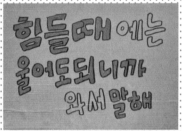

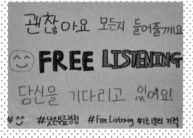

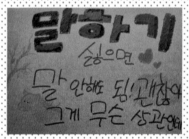

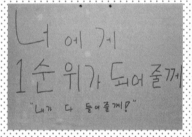

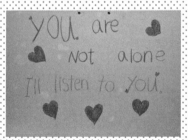

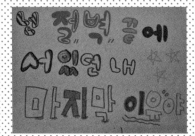

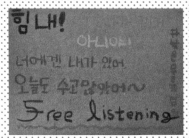

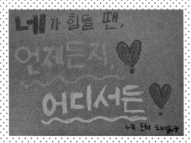

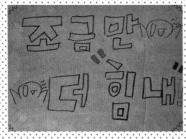

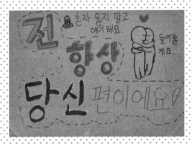

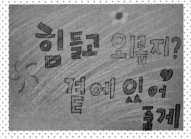

힘내! 넌 할 수 있어!

'힘내! 넌 할 수 있어!'라는 말은 상대방이 해낼 수 있다는 믿음과 지지를 보여 주는 말이야. 너희 또래는 새로운 도전을 할 기회가 많아. 수없이 도전하는 과정에서 실패와 좌절도 따르게 되지. 실패하면 자신감이 떨어져. 이때 주변에서 너희의 실패와 좌절을 비난하면 자존감이 바닥으로 떨어져서 회복하는 데도 많은 시간이 필요해.

'힘내! 넌 할 수 있어!'라는 말은 좌절의 순간 너희와 함께하겠다는 응원의 메시지야. 그 의미를 너희는 봄과 마음으로 알고 있기에 많은 친구가 이 말을 듣고 싶은 거야. 자신의 능력과 가능성 앞에서 용기를 내고 싶은 너희의 마음을 샘은 잘 알아.

그 말을 들어도 힘이 나지 않는다고? 그럼 회복탄력성 콩콩이에게 힘을 주면 어떻겠니? 힘을 주는 방법도 어렵지 않아. 조용하고 편한 곳에 앉아서 숨을 깊이 들이마셨다가 천천히 내쉬어 봐. 되도록 아무 생각도 하지 마. 다양한 고민거리가 머릿속을 둥둥 떠다니겠지만 숨 쉬는 것에 집중해. 천천히 숨을 들이마시고 내쉬는 호흡이 자율신경을 안정시키고 근육을 이완시켜서 마음이 편해질 거야. 그러고 나서 간단히 스트레칭을 하면 더 좋아.

이렇게 스트레스에서 벗어나려는 노력이 콩콩이에게 힘을 줘서 너희에게 주어진 일을 다시 해나갈 수 있는 힘을 줄 거야. 다른 재미난 방법도 있어. 혹시 매운 것을 잘 먹는 친구라면 매운 음식을 먹어 봐. 매운맛은 미각이 아니라 통각이거든. 그래서 우리 뇌는 아픔으로 인식하고 엔도르핀이나 아드레날린처럼 진통 효과가 있는 호르몬을 분비해. 일시적이지만 스트레스를 없애고 기분이 좋아질 수 있어.

힘들어도 포기하지 말고 자신의 멋진 꿈을 향해 달려가 보자. 힘내! 넌 할 수 있어!

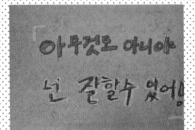

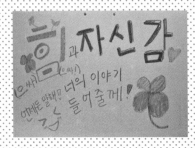

힘과 자신감

(으쌰)(으쌰) 언제든 말해! 너의 이야기 들어줄께!

당신이 이 세상에 NO.1 이에요!

FIGHTING

토닥토닥~ 힘내!

FREE ♡

LISTENING

#1분1초의 기적

뒤돌지 말아요, 들어줄게

FREE LISTENING

YOU'RE

괜찮아 할 수 있어!

화이팅♥

love yourself speak yourself

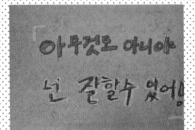

아무것도 아니야

넌 잘할수 있엉

잘 될 꺼야..

네 자신을 믿어♡

나는

너를 믿어

너의 미래가 찬란하게 눈이 부셔서 알아보이지 않는거야 어두워서가 아니야 :D

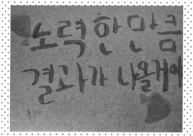

노력한만큼
결과가 나올꺼야

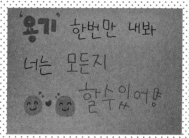

'용기' 한번만 내봐
너는 모든지
할수있어용

고민을 말해
언제든지 들어줄요
할수있어?

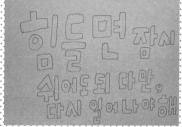

힘들면 잠시
쉬어도 돼 다만,
다시 일어나야해

괜찮아
넌 할수있어

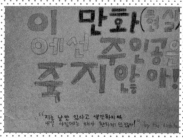

이 만화(현실
에선 주인공은
죽지안아!

R=VD
relization = Vivid dream
"생생하게 꿈꾸면
이뤄진다."
꿈꾸는 걸 포기하지마.

are the
Special person in
the World~

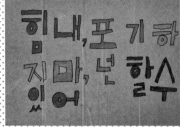

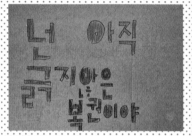

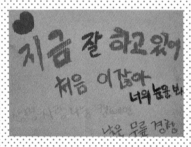

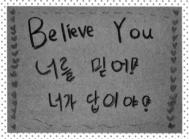

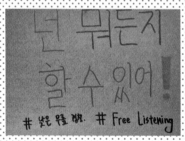

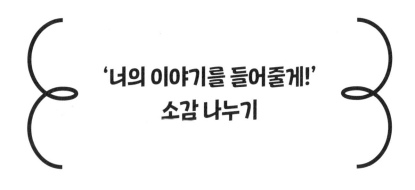

'너의 이야기를 들어줄게!' 소감 나누기

이제 친구와 마주하고 이야기를 들어주는 활동을 해볼게. 지금까지 배운 내용은 기억하지? 두 명씩 짝을 지어 서로 마주 봐. 그리고 피켓을 바꿔 들어 줘. 내가 친구의 피켓을 들고 있으면 친구가 듣고 싶은 말이 보이겠지.

먼저 이야기할 사람을 정하고 마음속에 담아 두었던 말을 하는 거야. 이때 중요한 것은 자세야. 눈을 마주하고 친구가 어떤 이야기를 하더라도 비난이나 간섭을 해서는 안 돼. 그리고 고개를 끄덕이고 환한 표정으로 공감해 주는 거야. 중요한 것! 서로를 향해 비밀 유지 약속하기.

모든 준비를 마쳤다면 이제 앞에서 익힌 경청 방법으로 들어주면 돼. 기억하지? 눈 마주치기, 고개 끄덕이기, 비언어적 반응으로 듣기, 그리고 친구의 말이 끝나면 친구가 듣고 싶은 피켓 문구를 말해 주기.

잠깐, 경청이 힘든 친구는 1초, 1분을 떠올려 봐. 친구를 바라보며 1초 환하게 웃기, 그리고 1분 동안 고개 끄덕이며 들어주기. 알았지? 샘이 10분을 줄 테니 하고 싶은 이야기를 마음껏 해보자.

* *

자, 이제 이야기를 충분히 나누었으면 서로 눈을 바라보고 피켓에 쓰여 있는 서로가 듣고 싶은 이야기를 해줘. 어때? 내 이야기에 귀 기울여 주고 공감해 주는 친구에게 어떤 기분이 들었니? 그리고 너희 마음속에는 어떤 변화가 생겼는지 함께 들어볼까?

이 활동을 먼저 한 친구들이 솔직한 소감을 말해 주었어. 어떤 소감들인지 친구의 마음을 느끼며 함께 읽어 보자.

오늘 활동을 하면서 경청이
한 사람의 인생을 바꿀 수 있다는 것을 알게 되었고,
생명과 자존감의 중요성을 알게 되었어요.
나는 내 이야기를 들어줄 수 있는
엄마, 아빠, 친구가 있어서 행복해요.
나도 다른 사람의 이야기를 경청해야겠어요.

나에 대해 알 수 있어 좋았고,
내 고민거리를 남에게 말할 수 있는
자신감이 생겨서 좋았어요.

경청의 소중함과 영향력을 몸소 느꼈어요.
나 자신을 사랑할 수 있는 힘인
자아존중감을 알게 되어 기뻐요.

경청을 할 때는
온몸으로 들어야 한다는 걸 알았어요.
먼저 가까운 가족이나 친구들에게
낮은 무릎 경청을 실천해 주어야겠어요.

꿈이 소설가인데 경청하면서
많은 사람의 이야기를 들어야겠다는 생각이 들었어요.
많은 사람의 이야기와 경험을 듣고
공감할 수 있는 사람이 되고 싶어요.
또 공감한 내용을 바탕으로
입체적인 인물을 다양하게 만들고 싶어요.

이런 활동은 처음이에요.
처음에는 '뭐지?'라는 생각이 들었어요.
이 활동을 하며 경청은 다른 사람의 생명을 살리고
돕는 것이라는 걸 알게 되었어요.
그리고 내가 힘들 때 경청해 주었던
내 친구에게 정말 고마웠어요.
다음에도 이 활동을 하고 싶어요.
**야 고마워! 나도 다른 사람 말을 더 잘 경청할게.

친구들과 대화할 때면
친구들의 이야기를 들어주기보다
제 이야기를 하느라 더 바빴어요.
이제 경청의 중요성을 알게 됐으니
잘 들어주는 사람이 되고 싶어요.

이번 활동을 통해 생명은 소중하고
존중해야 한다는 것을 다시 한번 깨달았어요.
나도 소중하고 남도 소중하기 때문에
충동적인 생각으로
피해를 끼치지 말자고 생각했어요.

'들어줄게' 이 한마디가
얼마나 큰 힘을 가졌는지 알았어요.
한마디의 나비효과가 엄청나다는 걸 알았으니
잘 실천해야겠어요.

샘, 우리 학교에서도
이 활동을 하고 싶어요.

이렇듯 많은 친구가 '너의 이야기를 들어줄게!' 활동으로 위로와 격려를 받았다고 말해 주었어. 그리고 이 활동에 참여한 많은 친구가 샘에게 요청했어.

　"샘, 우리 학교에서도 이 활동을 하고 싶어요."

　학교에서 친구들의 이야기를 들어주겠다고 다짐한 친구들도 정말 고마웠어.

　마음을 터놓을 마땅한 친구가 없다면 191쪽에 소개한 기관을 찾아가 보는 것도 좋아. 직접 만나서 상담을 해도 좋고 전화나 이메일 등 너희가 편한 방식으로 얼마든지 이야기를 나눌 수 있어. 많은 사람이 너희의 이야기를 들어주려고 준비하고 있으니까.

＊＊

　'너의 이야기를 들어줄게!'는 주로 둘이 짝을 지어서 한다고 했잖아. 그런데 하루는 친구들 앞에서 이야기할 수 있는 시간을 가졌어.

　"혹시 친구들 앞에서 꼭 하고 싶은 이야기가 있는 친구는 앞에 나와서 말해도 돼. 용기 있게 나와서 말할 수 있는 친구 있니? 어떤 이야기를 해도 우리 모두 비밀로 할 거야."

샘의 말이 끝나자 모든 친구가 오른손을 들고 약속했어. 생각보다 많은 친구가 손을 들었어. 샘은 놀랐어. 이렇게 많은 친구 앞에서 자신의 이야기를 하기가 쉽지 않을 텐데 여러 친구가 손을 들어서. 그중에 중학교 2학년 여학생이 정말 힘들었던 자신의 이야기를 하고 싶다며 앞으로 나왔어.

그 친구는 잠시 머뭇거리더니 자신의 팔목을 들어 보이며 말을 시작했어.

"제 손목에 칼자국이 있어요. 엄마가 발견해서 치료를 받았지만 흉터가 남았어요. 아빠는 몰라요. 아빠가 알면 엄청 화내실 거예요."

그 친구는 눈시울을 붉히더니 울먹이며 말을 이어 갔어.

"지금도 힘들면 옥상에 올라가서 아래를 내려다보곤 해요. 친구들과 잘 지내고 싶은데 그럴 수가 없어요."

이 말을 들은 300여 명의 친구는 모두 숙연해졌어. 여기저기서 훌쩍이는 소리가 들렸어.

그 여학생의 말을 듣고 샘은 최근에 상담했던 한 친구를 떠올렸어. 학교 친구들 사이에 무리가 이루어져 있는데 그 친구는

어떤 무리에도 끼지 못했어. 친구들이 받아 주지 않았지. 자신이 따돌림을 당한다는 생각에 "죽고 싶은 심정이다"라는 말을 했어. 안타깝지만 학교에서 종종 있는 일이야. 친구가 자신의 약점을 다른 친구들한테 말해서 따돌림을 당하는 친구도 있었어. 그 친구의 약점을 들은 친구들이 함께 놀려고 하지 않았어.

그런데 따돌림을 당하는 친구들은 집에 가서도 말을 못해. 우리나라 대부분의 부모님은 그런 이야기를 들어주는 것보다 성적에 관심이 더 많거든. 이런 현실은 너희를 더욱 외롭고 슬

프게 만들지. 누구에게도 말할 수 없는 고립감과 좌절감 때문에 결국에는 옥상으로 올라가는 상황까지 만들어.

＊＊

더욱이 사춘기 때는 신체적으로 급격하게 성장하고 호르몬도 많이 분비돼서 정서적으로 불안정하고 감정 조절이 어려워. 샘은 그 호르몬을 '나를 나답게 만드는 호르몬'이라고 불러.

사춘기 때 너희 몸은 많은 변화를 겪어. 나무에 비유하면, 이른 봄에 새싹이 돋아나고 봄비가 몇 번 내리고 나면 한순간 꽃이 피고 나뭇잎이 무성해지는 시기가 있어. 사춘기를 겪는 너희 몸이 그래. 아마 지금 이 글을 읽는 친구들 대부분이 사춘기 때 오는 신체적 변화에 당황했던 적이 있을 거야. 물론 호르몬 때문이라는 걸 학교에서 이미 배워서 잘 알고 있겠지만, 그 호르몬은 남성 호르몬인 테스토스테론과 여성 호르몬인 에스트로겐이야. 어떤 호르몬인지는 설명 안 해도 알지?

그런데 이 호르몬은 우리 몸에만 영향을 주는 것이 아니라 마음에도 영향을 줘. 에스트로겐은 우리의 감정을 안정시키고 적극적이고 긍정적인 자아상을 만들어. 테스토스테론은 우리의 자신감을 높이고, 대인관계에서 더욱 활발하고 적극적으로 행동할 수 있도록 도와줘. 우리가 나답게 성장하고 변화할 수 있는 것은 이 호르몬 덕분이야.

하지만 이 호르몬이 과도하게 분비되면 감정 변화가 크고 자신감이 떨어질 수도 있어. 그래서 이 호르몬이 우리 몸속에서 적절하게 분비될 수 있도록 다스리는 게 중요해. 나의 몸과 마음을 이해하고 존중하고 사랑하는 것도 중요하지. 잎이 무성한 5월의 나무들은 저마다 가지를 뻗지. 그리고 가을이 되면 멋진 열매를 맺어. 너희도 이 나무들처럼 나를 더욱 나답게 만드는 호르몬과 자신을 소중히 여기는 마음을 자양분으로 삼아 멋진 어른의 문턱으로 들어서길 기대할게!

＊＊

그런데 소중한 자신의 몸과 마음을 팽개치는 친구들도 있어. 나의 힘든 마음을 돌보지 않고 계속 상처를 내지. 이를 '반복적 자해'라고 해. 자해를 하는 친구들에게는 '나 너무 힘들어'라는 감정을 전달하고 싶은 마음이 있어. 동시에 주변 사람들에게 관심받고 싶어 하는 마음도 공존하지.

어떤 친구들은 마치 자해가 훈장이라도 되는 것처럼 자랑하기도 해. 진짜로 죽고 싶은 게 아니라 '나 좀 봐주세요'라는 처절한 몸부림인 셈이지. 그런데 잊지 말아야 할 게 있어. 그러다 정말 중요한 생명을 잃을 수도 있다는 거야! 생명은 설대 시위의 대상이 아니야. 자해는 생명에 심각한 위협을 줄 수도 있어. 혹시 너희가 그럴 만큼 힘들다면 '너의 이야기를 들어줄게!'를 떠올리고 이야기를 나눌 친구나 선배, 선생님을 찾아봐. 그것도 힘들다면 주변에 도움을 청할 곳이 반드시 있으니 찾아보고.

에필로그

마음의 힘,
네 친구의 격려 편지

안녕, 나는 자신감 뿜뿜이야.

너희는 모두 세상에 하나밖에 없는 특별한 존재야. 너희 자신에게 더욱 자신감을 가지고 너희의 가치를 인정하고 스스로를 사랑했으면 해. 어떤 일이 있어도 포기하지 않고, 항상 앞으로 나아갈 수 있도록 내가 응원하고 도와줄게.

프랑스의 교육심리학자 장 뤽 오베르Jean-luc Aubert는 모든 부모는 자녀를 '어린 왕'으로 키우거나 '어린 노예'로 삼고 싶은 양가감정이 있다고 했어. 어린 왕은 거절을 당해 본 경험이 없어. 오직 자신의 만족과 욕구가 중요하고 세상에서 자신이 제일 중요한 존재라고 생각하지. 자기에게 왕의 권한이 있기 때문에 자유롭고 창의적으로 하고 싶은 일을 선택할 수 있어. 이런 과정이 반복되면서 성취하는 경험도 반복하게 되지.

반면에 어린 노예는 주인에게 무조건 순응해야 해. 불행하게도 자신이 하고 싶은 것이 무엇인지 모르는 존재로 성장하지. 늘 주인의 비위를 맞추고 눈치를 보느라 정작 자신이 하고 싶은 일이 무엇인지 알 수가 없는 거야. 아무런 욕구도 없고 의욕도 없는 노예로 자라는 거지.

너희는 어디에 속하는 것 같아? 너희는 왕으로 살 거야? 아

니면 노예로 살 거야? 모든 친구가 왕처럼 살고 싶을 거야. 그러니까 부디 너희가 너희 인생의 주인공으로 사는 인생을 택하렴!

* *

안녕, 나는 자아존중감 포옹이야.

나는 너희가 자신의 장점과 능력을 깨닫고 자신에게 관심을 기울이며 긍정적인 자아상을 갖는 것이 중요하다고 생각해. 너희의 자아존중감은 인간관계를 발전시키고, 성취를 이루는 데 매우 중요한 역할을 한다는 것을 잊지 마.

미국의 심리학자 해리 할로Harry Harlow의 유명한 원숭이 실험 이야기를 들려줄게. 그는 애착을 형성하는 데 무엇이 중요한지 보려고 새끼 원숭이들을 어미와 떨어뜨려 놓았어. 그리고 헝겊과 철사로 원숭이를 만들어 우리에 두었어. 헝겊 원숭이는 따뜻한 촉감을 느낄 수 있도록 만들었고, 철사 원숭이에게는 우유병을 설치했어. 그랬더니 새끼 원숭이가 밥 먹을 때는 철사 원숭이에게 가고, 나머지 시간은 헝겊 원숭이에게 가서 지내는 거야. 무서운 상황을 연출하면 새끼 원숭이는 우유를 먹다가도 헝겊 원숭이에게로 달려갔어. 헝겊 원숭이를 치워도 철사 원숭이

에게로 가지 않고 구석에 가서 몸을 웅크리고 있었어.

인간은 따스한 온정을 베푸는 사람에게 더욱 애착을 가져. 누군가에게 사랑받고 존중받은 경험이 많은 친구는 헝겊 원숭이처럼 따뜻하고 포근한 정서를 가지고 있어. 나 포옹이와 늘 가까이 있는 친구지. 그런데 사랑받고 존중받은 경험이 부족한 친구는 마치 철사 원숭이와 지낸 것처럼 늘 불안하고 부정적인 생각을 많이 해.

마지막으로 나 포옹이가 너희에게 하고 싶은 말이 있어. 너는 아주 특별하고 소중한 친구야. 그러니 네 자신을 두 손으로 꼬옥 안아 주면서 이렇게 이야기했으면 해.

"나는 내가 좋아. 나는 특별해. 나는 이 세상에서 하나뿐인 소중한 사람이야."

두 손으로 자기를 안아 주며 매일 말하다 보면 어느새 나 포옹이가 너희와 함께할 거야. 자기 자신에 대해 긍정적인 생각을 하게 되고 다른 사람을 존중하고 이해하는 마음도 커지지. 너희가 하고 싶은 일, 좋아하는 일을 찾을 수 있어. 꼭 기억해! 너희는 정말 특별하고 소중해. 내가 늘 함께할게.

＊＊

안녕, 나는 자기효능감 든든이야.

너희는 실패할 수도 있고, 어려움에 부딪힐 수도 있어. 나는 너희가 그런 상황에서도 자신을 믿고, 문제를 해결할 수 있기를 바라.

1968년, 미국의 교육학자 로버트 로젠탈Robert. Rosenthal과 학교 교장 레노어 제이콥슨Lenore F. Jacobson은 샌프란시스코의 한 초등학교에서 진교생을 대상으로 지능검사를 했어. 그들은 검사 결과와 상관없이 무작위로 아이들의 명단을 뽑은 후 교사들에게 거짓 정보를 주었지.

"이 아이들은 지적 능력이 뛰어나고 학업 성취 가능성이 높다고 판명된 학생들이에요."

학년이 끝난 후 다시 아이들의 지능검사를 했어. 그런데 놀랍게도 이 명단에 속한 아이들은 다른 아이들보다 평균 점수가 높게 나왔을 뿐 아니라 성적도 훨씬 큰 폭으로 올랐대.

'이 아이들은 똑똑해서 성적이 오를 거야!'

명단을 받은 교사들이 이런 기대를 하고 정성껏 돌보고 칭찬한 결과, 실제로 아이들의 성적이 올랐던 것이지. 교사는 명단 속 아이를 대할 때 긍정적인 행동을 훨씬 많이 했어. 눈맞춤도 더 많이 하고, 고개도 더 많이 끄덕여 주었지. 반면, 이 명단에 속하지 않은 아이들에게는 그만큼 소홀했어. 명단 속 아이들은 사실 평범한 아이들이었으나 교사의 사랑과 관심을 받으니 공부에 대한 관심이 훨씬 높아지고 성적도 좋아진 것이지.

너희는 지금까지 성취한 경험이 많아. 설령 남들은 모를 만큼 아주 작은 일이라고 하더라도 분명 스스로 해낸 일이야. 이미 네 자신을 충분히 믿어도 된다는 뜻이지. 어떤 친구는 스스로 못났다고 생각할 수도 있어. 하지만 사실은 너희 안에 놀라운 힘이 있어. 단지 발휘하지 않았을 뿐이지. 그것을 믿고 발견하고 성장시키기만 하면 돼. 그래서 나는 너희가 자신의 능력과 가능성을 믿고 도전을 받아들이며, 멋진 인생을 살아갈 수 있다고 믿어.

＊＊

안녕, 나는 회복탄력성 콩콩이야.

누구나 어려운 상황에 처할 수 있지만, 힘든 시간은 언젠가 끝나기 마련이야. 너희는 실패와 실수를 할 수도 있어. 단지 그것을 성장의 기회로 받아들이며 더 나은 방향으로 나아가면 돼. 그 길에는 나 콩콩이가 함께할 거야.

콘크리트 바닥의 갈라진 틈에서 꽃이 핀 걸 본 적 있니? 식물은 어려운 환경에서도 싹을 틔우며 자신의 생명력을 유지하려고 노력해. 일단 싹을 틔우면 그 싹이 점점 자라서 줄기가 되고 잎이 나고 꽃이 피지. 가끔 강한 태풍에 나뭇가지가 부러지기도 해. 하지만 부러진 가지에서 다시 싹이 나. 이런 생명력은 나무뿐만이 아니라 너희에게도 있어. 힘든 일이 생겨서 가지가 부러진 것처럼 포기하고 싶을 때가 많았을 거야. 그럴 때는 그

상황을 나무처럼 담담하게 받아들여 봐.

　놀다가 넘어져서 상처가 날 때가 있잖아. 상처가 크면 병원
에 가서 치료를 하고, 상처가 작으면 간단히 약을 발라 치료하
지. 어느 정도 시간이 지나면 상처는 서서히 아물게 돼. 우리 몸
을 지키는 면역 체계 덕분이야. 이렇듯 우리 몸에는 놀라운 회
복 능력이 있어.

　우리 마음도 마찬가지야. 힘든 일을 겪으면 마음이 아프고
상처가 나지. 이때 포기하지 않고 스스로 극복하겠다는 의지를

갖고 힘을 내고, 다른 사람의 위로나 응원을 기꺼이 받아들인다면 마음의 상처를 더 빨리 치료할 수 있어. 네 자신은 물론 마음의 힘 친구들이 열심히 도왔기 때문이야.

나 콩콩이가 마지막으로 하고 싶은 이야기가 있어. 아무리 어려운 상황, 어려운 문제도 잘 찾아보면 해결 방법이 있다는 거야. 시간이 흐르면 자연스럽게 해결되는 문제도 있어. 그러니 힘든 문제 앞에 흔들리지 말고 네 자신을 믿어. 난 너희를 믿어. 사랑해. 콩콩!

* *

얘들아 다시 샘이야. 이제 우리의 만남이 아쉽게도 끝나가는구나! 샘이 처음에 이야기했던 장애인 청년 기억나니? 그 청년이 지금까지 '너의 이야기를 들어줄게!' 활동을 계속하고 있다고 했잖아. 사실 샘은 처음에는 좀 걱정을 했어.

'사람들이 장애를 가진 청년에게 편하게 말할 수 있을까?'

그런데 샘의 생각은 완전 잘못된 것이었어. 사람들은 장애를 가진 청년이 귀 기울여 이야기를 들어주는 모습에 감동받고 눈물 흘리며 고맙다는 말을 아끼지 않았어.

그 청년은 지금 어떻게 됐을까? 청년 또한 이 활동을 하면서 마음의 힘 네 친구를 만나 '스탠드업 코미디언 오픈마이크'에 지원하게 되었어. 스탠드업 코미디언 오픈마이크는 무대 위에서 자신의 이야기를 하는 코미디 장르야.

그리하여 2018년 우리나라 최초의 장애인 스탠드업 코미디언이 탄생하게 되었어. 청년은 국제 코미디 페스티벌에 초청받아 공연했고, 유명 개그우먼이 진행하는 방송 프로그램에도 출연했어. 청년은 지금도 무대에서 자신의 꿈을 포기하지 않고 당당하게 공연을 하면서 다른 장애인을 돕는 운동도 하고 있어.

"샘, 과연 저도 마음의 힘 친구들을 만날 수 있을까요?"

샘은 이런 질문을 하는 친구들을 만날 때마다 청년의 이야기를 들려줘. 샘이 처음 만났을 때 청년은 마음의 힘 네 친구와 함께 있지 않았어. 청년은 세상 누구보다 약한 존재처럼 보였어. 그런데 이제는 누구보다 당당하게 세상에 도전하고 있어. 지금은 '너의 이야기를 들어줄게!'(낮은무릎경청) 홍보대사로도 열심히 활동하고 있지.

그의 이름은 한기명, 인터넷에서 찾아봐. 당당하고 멋진 청년의 모습을 여기저기서 찾을 수 있을 거야. 이제는 너희 차례야. 너희 마음 안에 있는 뿜뿜이, 포옹이, 든든이, 콩콩이는 너희가 부르면 언제든지 달려갈 준비를 하고 있다는 걸 잊지 마.

그럼, 이제 안녕.

우리 또 만나!

일러스트레이터
안희경

자신이 그린 그림을 보고 모두 편하게 쉬고 가길 바라는 마음으로 "편히"라는 작가명으로 활동하고 있다. 책의 삽화, SNS 콘텐츠 등 다양한 분야의 일러스트 작업을 하고 있다.

깨끼 박사의 마음의 힘을 기르는 경청 이야기
너의 이야기를 들어줄게!

초판 1쇄 2023년 5월 1일
초판 2쇄 2024년 3월 25일

지은이 깨끼 박사
펴낸이 정은영
편집 한미경, 박지혜
디자인 마인드윙
일러스트 안희경

펴낸곳 마리북스
출판등록 제2019-000292호
주소 (04037) 서울시 마포구 양화로 59 화승리버스텔 503호
전화 02)336-0729, 0730 **팩스** 070)7610-2870
홈페이지 www.maribooks.com
Email mari@maribooks.com
인쇄 (주)신우인쇄

ISBN 979-11-89943-06-6 (43180)

'너의 이야기를 들어줄게!' 활동 구성

피켓 만들기와
두 사람이 짝을 지어 이야기 들어주기

──── 피켓 만들기 ────

준비물: 골판지, 펜

1단계: 내가 듣고 싶은 말 떠올리기

2단계: 내가 듣고 싶은 말, 들으면 힘이 날 것 같은 말을 피켓에 적기

3단계: 피켓 꾸미기

──── 두 사람이 짝을 지어 이야기 들어주기 ────

1단계: 비밀 유지 약속

2단계: 서로의 피켓 바꿔 들기

3단계: 이야기 들어주기

힘이 들거나 대화하고 싶을 때
언제라도 상담 가능한 곳

● *1388*

365일 24시간 언제든지 상담할 수 있는 곳

- 휴대전화로 전화할 땐 지역번호 누르고 1388로 전화하기
- 카카오톡 '청소년상담1388' 채널을 추가하고 메시지 보내기
- 1388로 문자 보내기

● 청소년 모바일 상담센터 '다들어줄개'

카카오톡에서 '다들어줄개' 채널을 추가하면 365일 24시간 상담 가능

● 청소년상담복지센터

- 상담 선생님을 직접 만나서 '제 이야기를 들어주세요' 하고 요청할 수 있는 곳
- 전국에 240여개가 있어서 어느 지역에서든지 상담 가능

● 청소년쉼터

- 혹시 가출하거나 학교를 그만 두고 갈 데가 없거나 혼자 고민되는 문제를
  선생님과 편안하게 고민을 나누고 쉴 수 있는 쉼터
- 인터넷에서 쉼터(가 지역마다 있다)를 검색해서 연락하면 선생님과 직접 상담 가능